KB037916

알면 똑똑해지는 경제 속
비하인드 스토리

알면 똑똑해지는 경제 속 비하인드 스토리

EBS 오디오 콘텐츠팀 지음

차례

ECONOMY 1   기발한 창업의 비밀

ECONOMY 2   색다른 경영의 비결

1 ECONOMY

기발한
창업의
비밀

창업하고 6년 만에
첫 흑자를 기록한 넷플릭스

2019년 말에 발생하여 확산된 코로나19는 우리의 생활 양식을 크게 바꾸어 놓았다. 사람들은 코로나19의 감염을 예방하기 위해 실외 활동을 줄였고, 정부에서도 사회적 거리두기 정책을 시행하면서 일정 수 이상의 사람들은 한자리에 모이기 어렵게 되었다. 이러한 사회적 분위기 때문에 직접적으로 피해를 보거나 성장한 업종이 생겨났다. 영화 산업은 코로나19로 크게 피해를 본 대표적 업종이다. 작고 밀폐된 공간에 많은 사람이 모이는 데다, 간단한 음식물까지 취식할 수 있는 영화관의 특성상 전염병 확산에 취약하기 때문이다.

반대로 사람들의 실내 활동이 늘어나면서 크게 성장한 분야도 있다. 인터넷을 통해 영화나 드라마 등의 미디어 콘텐츠를 서비스하는 OTT(Over The Top)업체가 그렇다. OTT업계는 코로나19로 인해 영화관의 영업이 제한되고, 야외에서 즐기는 다른 여가 생활들 또한 줄어든 틈을 타 급격하게 성장했다. 대표적 OTT업체인 넷플릭스는 2021년 1월 실적 발표에서 2020년 4분기 기준 전 세계 구독자 수가 2억 명을 돌파했음을 알렸다. 또한 매출은 250억 달러로 2019년 대비 24퍼센트 증가했고, 영업이익도 76퍼센트 증가한 46억 달러를 기록하며

OTT 서비스의 발전으로 우리는 원하는 시간과 장소에서 미디어 콘텐츠를 소비할 수 있게 되었다.

명실상부한 세계 최대 OTT업체가 되었다. 이렇게 승승장구하는 미디어 기업의 시작은 어떠했을까?

넷플릭스가 전 세계인들에게 알려지기 시작한 것은 각 가정마다 초고속 인터넷이 보급된 이후지만 실제로 설립된 시기는 1997년이다. 컴퓨터 공학자이자 수학자 출신 사업가인 윌모트 리드 헤이스팅스(Wilmot Reed Hastings Jr.)와 그의 동료 마크 랜돌프(Marc Randolph)는 1997년 8월 캘리포니아 스코츠밸리에서 사업을 시작했는데, 회사 이름은 임시로 지은 '키블(Kibble)'이었다. 당시 미국은 오프라인 비디오 대여 서비스가 성행하던 시기였고 새로운 저장 매체로 DVD(Digital Versatile Disc)가 막 상용화되던 때였다. 이런 상황에서 그들은 우편으로 배달하는 DVD 대여 사업을 구상한다. 이 사업의 실현 가능성을 시험하기 위해 그들은 캘리포니아주 산타크루즈에 위치한 헤이스팅스의 집으로 DVD를 발송해보았다. DVD가 손상 없이 도착한 것을 확인한 두 사람은 그들의 아이디어를 현실화하기 위해 사업을 시작했다. 랜돌프는 필요한 분야의 인재들을 끌어모아 7명으로 팀을 꾸렸고, 팀원들은 박봉에도 불구하고 사업의 미래 가능성만 믿고 기꺼이 함께했다. 헤이스팅스와 랜돌프 그리고 7명의 직원은 미국에서 출시된 모든 DVD를 확보하고 1998년, 세계 최초로 DVD 대여 및 판매 사이트를 열었다.

1999년에는 온라인 콘텐츠 '구독' 서비스를 시작했다. 반납일, 연체료, 월별 대여 수량 등의 제한 사항을 없애고 구독자들에게 무제한으로 DVD를 대여해주는 서비스다. 바로 이 서비스가 현재까지 이어져 지금의 넷플릭스를 만들었다. 2000년에는 개인의 취향에 따른 영화 추천 시스템을 도입한다. 시청한 콘텐츠에 대한 각 회원의 평가를 바탕으로 취향에 맞는 작품을 예측하여 추천해주는 방식이다. 이러한 시스템은 빅데이터를 활용한 개인 맞춤 서비스가 보편화된 현재에는 특별할 것이 없지만, 당시에는 시대를 앞서간 획기적인 시도였다. 이렇게 성장한 넷플릭스는 2002년 전국 규모의 기업으로 발돋움했고, 나스닥에 상장된다. 이때 정식으로 기업의 이름을 넷플릭스 주식회사로 바꾸었다.

2003년에는 미국 특허청(U.S. Patents & Trademark Office)에서 구독형 대여 서비스의 특허를 취득하고, 회원 수 100만 명을 돌파하며 넷플릭스 최초의 흑자를 기록한다. 이 시기부터 넷플릭스는 본격적인 성장 궤도에 올라 2006년 회원 수 500만 명을 달성하고, 2008년에는 소비자 가전 브랜드와 제휴하여 TV 셋톱박스 등으로도 스트리밍 서비스를 확대한다. 2010년에는 서비스 지역을 캐나다까지 확장함과 동시에 스마트폰의 보급에 발맞춰 모바일 디바이스에서의 스트리밍 서비스도 도입했다. 2012년에는 영국, 아일랜드와 북유럽 국가들에도 진출하며 가입자 수를 2500만 명까지 늘리는 데 성공한다.

넷플릭스는 2013년에 〈하우스 오브 카드〉〈헴록 그로브〉〈못 말리는 패밀리〉〈오렌지 이즈 더 뉴 블랙〉 등 넷플릭스 오리지널 시리즈를 공개하며 단순한 유통사를 넘어 콘텐츠 제작사로 발돋움하기 시작했다. 그 중 〈하우스 오브 카드〉는 인터넷 스트리밍 최초로 프라임 타임 에미상 3개 부문을 수상했다. 이듬해에는 오스트리아, 벨기에, 프랑스, 독일, 룩셈부르크, 스위스에 진출하며 OTT 시장을 선도하는 기업임을 입증한다. 이런 노력에 힘입어 2016년 130개국에 추가로 진출하고 전 세계 190여 개국 회원들에게 21개 언어로 서비스하며 진정한 글로벌 기업으로 성장한다. 넷플릭스가 정식으로 한국에 서비스를 시작한 것도 이 시기다. 2017년에는 회원 수 1억 명의 고지를 돌파했을 뿐 아니라 〈화이트 헬멧: 시리아 민방위대〉로 넷플릭스 첫 아카데미상을 수상하고, 2018년에는 〈글로우: 레슬링 여인천하〉〈그 땅에는 신이 없다〉〈퀴어 아이〉 등의 작품으로 무려 23개 부문을 석권하며 에미상에서 가장 많이 노미네이트된 스튜디오로 거듭났다.

넷플릭스의 성공 이야기는 언제나 승승장구하며 성장한 것

같지만 중간중간 크고 작은 우여곡절 또한 많았다. 넷플릭스의 사업이 시작된 초기에는 랜돌프의 아내마저 절대 성공하지 못할 거라고 할 만큼 회의적인 평가를 받았고, 2001년에는 닷컴 열풍이 가라앉으면서 직원의 40퍼센트를 해고하는 위기도 겪었다. 1997년에 설립한 회사가 2003년에야 첫 흑자를 기록할 정도로 어려움이 많았다. 어쨌든 수많은 고비를 넘기고 넷플릭스는 지금 성공한 기업 중 하나가 되었다.

그래서 넷플릭스의 공동 창업자인 랜돌프는 "누구든 꿈을 현실로 바꾸려면 그냥 시작해야 한다. 그게 가장 간단하면서도 강력한 단계다. 우리 구상이 좋은지 아닌지 알아낼 유일한 방법은 그냥 해보는 것이다. 뭔가 평생 생각하고 있기보다는 1시간이라도 해보는 게 훨씬 배우는 게 많다"고 말한다. 성공한 창업자 대부분의 말처럼 평범한 말이지만, 뭔가를 해야만 성공도 실패도 할 수 있다.

참고 자료

넷플릭스 공식 홈페이지의 넷플릭스 스토리 / 『절대 성공하지 못할 거야』(마크 랜돌프 지음, 덴스토리) / 넷플릭스, 전 세계 구독자 2억 명 돌파… 韓 스위트홈 흥행(조아라 글, 《한국경제》, 2021.10.20)

사진을 사랑한 20대 청년의
매출 0원짜리 스타트업은?

오늘날 우리는 버스나 지하철을 타고 갈 때 또는 마트에서 장을 볼 때도 소셜 네트워크 서비스(SNS)를 통해 의견을 나누거나 정보를 공유할 수 있다. 손 안의 컴퓨터 스마트폰이 있기 때문이다. 스마트폰은 다양한 형태로 출시되고 있으나 직사각형 모양이 가장 보편적이다. 작은 네모상자 안에 가상공간과 가상현실이 담겨 있으며, 그것을 통해 지인뿐 아니라 불특정 다수와 소통할 수 있다. 서로의 생활을 공개하고 의견을 나누는데, 이렇게 된 시기도 그리 오래전은 아니다. 1990년대 인터넷 동창회 서비스인 아이러브스쿨이 등장한 이후 싸이월드가 한창 붐을 이루다가 2000년대 이후 트위터와 페이스북, 카카오스토리, 카페, 블로그, 인스타그램 등 다양한 플랫폼이 생겨났다.

SNS는 시간이 흐르면서 사회의 변화와 함께 진화해간다. 익숙해진 것에 식상해지고 좀 더 새로운 것을 찾는 사람들의 욕구에 맞춘 개발이 지속적으로 이루어지기 때문이다. 그래서 사람들의 표현 욕구를 담아서 뒤늦게 출시된 SNS가 인스타그램(Instagram)이다. 이는 즉석카메라를 의미하는 인스턴트(Instant)와 전보를 보낸다는 뜻이 담긴 텔레그램(Telegram)을 합친 말로, 사진과 동영상을 공유할 수 있는 플랫폼이다. 여행, 자연, 인테리어 등의 사진을 올리면 그것에 공감하고 그에 대한 의견을 짧은 댓글로 소통할 수 있다. 이는 10대와 20대에서 가장 많이 선호하는 플랫폼이기도 하다.

인스타그램은 2010년 케빈 시스트롬(Kevin Syatrom)이 후배 마이크 크리거(Mike Krieger)와 함께 개발했다. 케빈 시스트롬이 어떻게 인스타그램으로 창업을 할 수 있었는지 그 과정을 알아보자.

케빈 시스트롬은 어린 시절 크리스마스 선물로 받은 사진기에 매료된 이후 사진찍기를 좋아했고 고등학교 때까지 사진 동아리 활동을 열심히 했다. 미국 스탠퍼드대학 경영학과에 진학해서는 틈틈이 웹 프로그램을 만들면서 사진 공부도 이어갔다. 그가 대학생 때 만든 것이 대용량 사진 공유 서비스인 '포토박스(Photobox)'라는 프로그램이다. 이때 페이스북 창업자인 마크 저커버그(Mark Elliot Zuckerberg)가 사진 공유 기술 개발을 위해 동업을 제안했으나 학업을 위해 거절했다. 또한 시스트롬은 이탈리아 교환학생 시절에는 구식 플라스틱 사진기와 디지털 카메라의 감성이 어떻게 다른지에 대해 연구하기도 했다.

시스트롬은 졸업 전 트위터의 전신인 팟캐스팅업체 오데오(Odeo)에서 인턴 생활을 했고, 졸업 후에는 구글 마케팅 부서에 들어가서 지메일과 구글 캘린더 등의 제품 업무를 담당했다. 퇴사한 후에는 구글 출신들이 만든 벤처 기업 넥스트스톱(Nextstop)에 합류한다. 이곳은 여행 정보를 알려주는 소셜 서비스 회사였다. 하지만 얼마 안 가 퇴사하고 본격적인 창업을 위해 프로그램 일에 뛰어든다.

시스트롬은 직장 생활을 하면서도 꾸준히 창업 준비를 위한 프로그래밍 공부를 하고 있었다. 이 시기에 인스타그램 공동 개발자인 마이크 크리거를 만나 의기투합한다. 크리거는 시스트롬의 스탠퍼드대학 후배로, 두 사람은 2007년 벤처 분야 교육과정인 '메이필드 펠로우십 프로그램'에서 만난 후 함께 프로그래밍 개발을 하게 된 것이다. 2010년에는 샌프란시스코 벤처기업 투자 설명회에서 자신의 사업 아이템을 설명하고 IT 벤처 투자 전문 회사인 안드레센 호로비츠(Andreessen Horowitz) 로부터 50만 달러의 투자금을 지원받았다. 이 투자금은 현재 원화 가치로 5억 6000만 원 정도 되는 큰 금액이었다. 그만큼 그의 사업 아이템이 가능성 있어 보였던 것이다.

이렇게 해서 시스트롬과 크리거는 창업의 꿈을 이루었는데, 이들은 인스타그램의 전신인 버븐(Burbn)이란 애플리케이션 (앱)을 개발한다. 버븐은 위치를 기반으로 해서 이용자가 방문한 장소와 사진 등을 친구와 공유하는 서비스로 체크인, 스케줄링, 포인트 적립, 게임 등 다양한 기능이 있었다. 그들의 첫 사업인 버븐의 결과는 어떠했을까? 기대와는 달리 이용자들은 버븐과 같은 복잡한 기능을 선호하지 않았고, 결국 사업은 실패하고 만다.

시스트롬은 실패의 원인을 파악하고 버븐의 불필요한 기능을 하나씩 지워나갔다. 마지막 남은 것이 사진 공유였다. 시스트롬과 크리거는 사진 공유 기능에만 집중하는 새로운 애플리케이션 개발에 나섰고, 이렇게 해서 출시한 것이 인스타그램이다. 인스타그램이라는 이름은 즉석 사진을 보낸다는 의미를 담고 있다. 인스타그램은 첫 구상부터 출시까지 8주라는 짧은 기간에 완성했는데, 이는 버븐의 실패가 바탕이 되었기 때문에 가능했다.

인스타그램은 사진만 공유할 수 있지만, 사진 업로드를 쉽고 빨리 할 수 있게 만들고 필터 기능도 가미해 사진의 아름다움을 돋보이도록 했다. 시스트롬과 크리거의 예상은 적중했다. 이용자들이 단순한 기능의 앱을 선호하여 인스타그램을 좋아할 것이란 예상 말이다. 게다가 아름다운 사진을 빠르게 공유할 수 있다는 것에 사람들은 열광했다. 출시하자마자 서버가 마비될 정도로 많은 이들이 다운로드했고, 1년도 안 되어 이용자 수가 1000만 명을 돌파했다.

인스타그램은 사진 공유에 집중하여 성공의 길을 걷는다.

인스타그램은 2011년 1월 해시태그를 도입하여 더욱 큰 인기와 영향력을 획득했고, 기업들은 마케팅에 인스타그램을 적극 활용하기 시작한다. 이로써 회사는 확장되어 직원이 13명으로 늘어났는데도, 2012년까지 매출이 0원이었다. 사용자는 계속 늘어났지만 수익모델이 없었던 탓이다.

수익은 없었지만 인스타그램의 가치를 높게 평가한 사람이 있었다. 바로 페이스북 CEO인 마크 저커버그다. 저커버그는 2012년 4월 10억 달러(약 1조 2천억 원)에 인스타그램을 사들였다. 이처럼 엄청난 금액으로 인스타그램을 사들이자 언론에서도 많은 의문을 제기했다. 당시 인스타그램의 가치는 5억 달러밖에 안 되었는데, 두 배 가격에 팔린 것이니 말이다. 하지만 현재 인스타그램의 가치는 500억 달러가 넘는다고 하니, 인스타그램의 가치를 알아본 저커버그의 사업가로서의 능력이 대단해보인다. 인스타그램은 페이스북에 넘어갔지만, 시스트롬과 크리거 두 창업자는 인스타그램의 CEO 자리를 지킬 수 있었다.

페이스북이 운영하면서 인스타그램은 더욱 성장을 거듭한다. 그래서 기업의 가치가 더 상승할 수 있었다. 하지만 운영상 등의 문제로 시스트롬과 크로거 두 창업자는 2018년 퇴사하고 새로운 창업을 준비하고 있다.

1983년생 케빈 시스트롬과 1986년생 마이크 크로거는 버븐이라는 실패를 경험 삼아 인스타그램을 성공시켰다. 자신이 좋아하는 일을 꾸준히 할 수 있는 힘은 자신의 적성에서 나온다. 성공하고 싶다면 성공을 꿈꾸기보다는 나의 적성을 바로 알고 꾸준히 해낼 수 있는 노력이 필요한 것은 아닐까.

참고 자료

『노 필터』(사라 프라이어 지음, 알에이치코리아) / 「인스타그램 창업자 '케빈 시스트롬', 선택과 집중이 이뤄낸 성공」(《시선뉴스》, 2018.05.16) / 「인스타그램 창업자 케빈 시스트롬」(《한국일보》, 2017.08.30) / 「심플한 디자인의 매력… 인스타그램의 시작과 성공」(《연합뉴스》, 2021.07.01) / 「트위터도 제친 '인스타그램'… 창업자 시스트롬 5년 만에 자산 8억」(《헤럴드경제》, 2015.01.25)

기네스 흑맥주와
기네스북의 관계

18세기 산업혁명기 노동자들은 중세 농민의 느슨한 삶에서 벗어나 강력한 통제 속에서 과중한 노동에 시달려야 했다. 노동에 지친 삶을 위로해주는 것은 술이다. 당시 영국의 가난한 노동자들에게는 40도짜리 진(Gin)이 독주지만 값이 싸서 쉽게 취할 수 있게 해주는 술이었다. 진은 알코올에 주니퍼 베리 (Juniper Berry: 노간주나무 열매) 등을 넣어 향을 낸 증류주다. 진을 파는 주점은 주로 빈민가에 많았고 취해 쓰러지면 자고 갈 방도 제공했다. 주점 간판에는 '1페니로 취할 수 있고, 2페니면 만취할 수 있다'는 광고가 등장할 정도였고, 당시 한 문학

월리엄 호가스의 〈진 거리〉(1751)

가는 진이 빈민들의 주식이었다고까지 묘사했다.

　18세기의 화가 월리엄 호가스(William Hogarth, 1697~1764)는 18세기 런던 빈민가의 진 거리(Gin Lane)를 화폭에 담았다. 진에 취한 여인이 아이를 떨어뜨리고 있고 오른쪽 구석에는 아이에게 진을 먹이는 여인도 있다. 당시 영국 빈민가에서 진으로 인해 피폐한 삶을 살고 있는 사람들과 그렇게 진에 취하지 않으면 살 수 없는 고통스런 삶을 단적으로 보여주는 그림이다. 그림은 진에 중독된 런던 빈민들을 보여주지만, 아일랜드 빈민들도 상황은 비슷했다. 당시 진이 광풍처럼 빈민들의 삶 속으로 파고 들어와 잠깐의 기쁨을 주지만 그 뒤로는 많은 고통과 죽음을 불러왔다. 이런 광경을 안타깝게 지켜본 한 사람이 있었다. 아서 기네스(Arthur Guinness, 1725~1803), 그는 독주인 진보다 좀 더 건강한 맥주를 만들어 빈민들이 맘껏 마실 수 있기를 원했다. 그래서 탄생한 맥주가 흑맥주 기네스다. 기네스 흑맥주는 약 260년을 이어온 현재 세계 150개국에서 하루 1000만 잔 이상이 팔리고 있다. 그럼 기네스 흑맥주가 어떻게 창립되어 오늘에 이르렀는지 그 과정을 알아보자.

아버지가 맥주 양조장의 감독관이었던 아서 기네스는 자연스레 맥주 양조에 관심을 가지게 되었다. 아버지로부터 양조 기술을 배운 기네스는 1700년대 당시 영국에서 유행한 포터 맥주를 만들어 팔기로 한다. 포터 맥주는 보리 맥아를 사용하여 상온에서 발효시키는 방법으로 깊은 향과 맛을 내는 맥주로 에일 맥주의 일종이다. 영국에서 주로 짐꾼들이 즐겨 마신다고 해서 포터(Porter)라고 하며, 강한 불에 구워 검게 탄 맥아로 만들어서 검은색을 띤다. 기네스는 대부였던 대주교 아서

기네스 흑맥주의 창립자 아서 기네스

프라이스(Arthur Price)가 세상을 떠나며 그에게 유산으로 남겨준 100파운드로 맥주 사업을 시작한다.

기네스는 1759년 아일랜드 더블린시의 한 부둣가에 위치한 낡고 허름한 맥주 공장을 임대한다. 그는 9,000년 동안 연간 45파운드에 빌리는 계약을 체결하면서 본격적으로 맥주 생산에 돌입했다. 무려 9,000년이라는 장기 임대 계약이라니, 시작부터 기네스의 사업 수완이 남다르다는 것을 알 수 있다. 나중에 이 부지는 기네스사에서 모두 사들이는 바람에 9,000년 임대 계약은 의미를 잃는다.

기네스가 자신의 성(姓)을 걸고 만들어낸 맥주는 아일랜드 사람들의 입맛을 사로잡았다. 그의 맥주 연구는 계속되었고 특히 영국에서 유행하던 맥주를 다양한 방법으로 연구해서 자신만의 비법으로 새로운 맥주를 만들었다. 시중의 맥주보다 진한 맛을 강조한 '웨스트 인디아 포터'를 1801년 출시한다. 이것이 바로 전설적인 '기네스 엑스트라 스타우트(Guinness Extra Stout)'의 전신이다. 스타우트 맥주는 포터의 일종인데, 일반적인 포터 맥주보다 더 강하다는 의미에서 붙여진 이름이다. 이 맥주는 초기에 스타우트 포터로 불리다가 영국의 포터 맥주와 구별해서 스타우트 맥주로 불리게 된다.

기네스 흑맥주는 입소문이 퍼지면서 아일랜드를 넘어 창립한 지 10년 만에 영국 수출이 시작되었다. 이후 더욱 유명세를 얻으면서 유럽, 아프리카, 북남미로까지 진출할 수 있었고, 설립한 지 100년 정도 되었을 때인 1858년에는 뉴질랜드까지 수출되어 전 세계인의 맥주로 이름을 떨쳤다.

기네스 맥주가 전 세계로 확장될 수 있었던 것은 기네스의 아들 아서 기네스 2세(Arthur Guinness Ⅱ, 1768~1855)가 아버지의 사업을 물려받으면서였다. 그는 볶은 보리를 재료로 사용해 깊고 씁쓸한 맛을 더한 '드라이 스타우트'를 생산하기 시작한다. 바로 이 맥주가 오늘날까지 전 세계적으로 가장 사랑받는 감동적인 맛, 맥주계의 명품으로 불리는 기네스 흑맥주다.

그로 인해 기네스 흑맥주가 국민 맥주이자 세계 맥주로 자리 잡게 된 것이다.

1893년에는 맥주의 품질을 높이기 위해 수학자를 고용해서 최고의 맛을 내기 위한 시간과 양 등을 수치로 계산해냈다. 이후 장인의 손맛과 상황에 따라 달라지는 맛이 아닌 균일한 품질의 맥주를 생산할 수 있었다.

기네스 캔맥주를 마시면 캔 속에서 달그닥거리는 소리가 들린다. 이것은 일종의 질소 캡슐로 위젯(Widget)이라고 하는 플라스틱 공이다. 기네스 캔 맥주의 맛을 생맥주 맛과 유사하게 만들어주는 동시에 거품 폭포 현상과 크리미 헤드(고운 거품)를 만들어주는 기능을 한다. 이는 창립자 아서 기네스의 정신을 이어받아 맛있는 맥주를 위한 기술 개발을 끊임없이 추구한 결과이기도 하다. 또 하나 기네스 맥주맛의 비밀이 더 있다. 바로 창립자 기네스가 사용했던 효모를 아직도 사용하고 있다는 것이다. 맥주 만들 때 사용하는 효모는 고온에서도 죽지 않기 때문에 오래도록 재사용이 가능하다. 기네스 맥주가 많은 사람의 사랑을 오래도록 받을 수 있는 것은 바로 혁신과 전통을 경영의 핵심 가치로 삼아왔기 때문 아닐까.

창립자 아서 기네스와 직접적 관련은 없지만 기네스사와 관련된 것이 하나 있다. 세계 최고 기록들을 모아 해마다 발간하는 기네스북이다. 아서 기네스의 4대손인 휴 비버(Hugh Beaver, 1890~1967) 경은 어느 날 사람들과 어떤 새가 가장 빠른가에 대해 논쟁을 벌이다가 최고 기록을 모아 책으로 만들어보면 좋겠다는 아이디어가 떠올랐다. 그래서 그는 약 1년 동안 각종 최고 기록들을 모아 1955년 기네스의 이름을 딴 『기네스북 오브 레코드(The Guinness Book of Records)』를 출간하면서 기네스북의 역사가 시작되었다. 기네스 맥주와 기네스북이 회사는 별개지만 휴 비버 경이 기네스란 이름을 붙인 것은 기네스 맥주의 광고 효과를 기대해서가 아니었을까? 기네스북이 기네스 맥주를 알리는 데 기여한 바도 컸을 듯 보인다.

참고 자료

「세계 최고의 스타우트 맥주 '기네스' 탄생 이야기」(《헤럴드경제》, 2017.07.23) / 「119.5초 기다림의 미학… 아름다운 맥주 '기네스'」(《조선닷컴》, 2017.09.05) / 「명품 조건 겸비한 '흑맥주의 왕' 기네스」(고영건 글, 《매일경제》, 2016.04.22) / 「18~19세기 맥주-포터와 스타우트, 페일 에일」(전영우 글, 《인천투데이》, 2019.09.03) / 「기네스(Guinness) 맥주의 고향은 어디?」(EBR 비하인드 스토리, 2021.07.28) / 「"난 이 '멋진' 기네스를 마저 알아야겠어"」(《브라보마이라이프》, 2019.02.28) / 「초록 입은 기네스 까만 속내, 아일랜드 국민 맥주로 포장」(심현희 글, 《서울신문》, 2018.08.02) / 『카트에 담긴 역사 이야기』(김대갑 지음, 노느매기)

월세를 벌기 위한 절실함에서 시작된 사업, 에어비앤비

    우버 택시, 셰어하우스, 에어비앤비, 전동 퀵보드, 위키피디아, 넷플릭스의 공통점은? 여러 사람이 함께 나누어 사용할 수 있는 공유 서비스란 점이다. 인터넷의 발달로 공유 서비스가 성장하고 있지만, 공유 시스템은 이미 전근대사회에도 있었다. 마을 단위로 공동 노동을 하고 물물교환을 하며 음식을 나누는 등 이웃과 정을 통하며 공동체 의식을 다져온 것도 일종의 공유 서비스라고 할 수 있다. 이러한 공유 서비스가 산업화와 도시화로 개인주의가 확산되면서 점차 사라져 간 것이다. 그런데 21세기 들어 공유 서비스가 여러 분야로 확대되고 다양해지고 있다.

공유 서비스는 이용자의 필요에서 출발한다. 승객과 운송 차량을 연결해주는 우버 택시, 저렴한 돈으로 방 하나를 얻어 집을 공유하는 셰어하우스, 지식을 여러 사람과 공유하는 위키피디아, 영화나 드라마를 함께 빌려서 보는 넷플릭스, 전자제품이나 자동차 렌트뿐 아니라 내가 살고 있는 집까지 공유하는 에어비앤비 등. 공유 서비스는 인터넷 플랫폼의 발달로 이용자 간의 거래가 쉬워지면서 빠르게 발전할 수 있었다.

공유 서비스 중 하나인 에어비앤비(Airbnb)는 자신의 방이나 집, 별장 등을 남에게 빌려주고 대가를 받는 서비스다. 해외여행을 갈 때 호텔보다는 에어비앤비를 선호하는 사람들이 있다. 에어비앤비를 통해 방을 빌릴 경우 그 나라 주민을 가까이서 만나며 여행 정보도 얻고, 언어나 문화도 배울 수 있는 기회가 되기 때문이다. 에어비앤비는 세 명의 젊은 청년들에 의해 시작되었다. 미국 로드아일랜드주에 있는 유명한 예술대학인 로드아일랜드 디자인스쿨에서 함께 산업디자인을 전공한 브라이언 체스키(Brian Joseph Chesky)와 조 게비아(Joseph Gebbia Jr), 뒤늦게 참여한 게비아의 친구인 IT 개발자 네이선 블레차르지크(Nathan Blecharczyk). 이들의 노력으로 에어비앤비는 세계적인 기업으로 성장할 수 있었다. 이들이 어떤 과정을 겪으며 에어비앤비를 창업했는지 비하인드 스토리를 알아보자.

체스키와 게비아는 대학 졸업 후 샌프란시스코에서 만나 아파트에서 함께 살게 되었다. 둘 다 제대로 된 직장을 구하지 못해 한동안 백수 생활을 하는데, 갑자기 집주인이 월세를 올리겠다고 통보해왔다. 가지고 있는 돈보다 월세가 더 많아지자, 두 사람은 돈을 벌 방법을 강구한다. 때마침 샌프란시스코에서는 미국 산업디자인학회가 주관하는 연례 콘퍼런스가 열릴 예정이었는데, 여기에 참석하기 위해 많은 산업디자이너가 한꺼번에 몰려들면서 호텔 예약이 꽉 차버렸다. 그래서 많은 사람이 방을 구하지 못하고 있다는 소문이 돌았다.

체스키와 게비아는 소문을 듣고 이를 기회로 삼아 돈을 벌 수 있는 아이디어를 낸다. 바로 자신들의 아파트를 숙소로 빌려주자는 것이다. 이들은 재빨리 행동으로 옮겼다. 당장 에어베드(공기침대) 3개를 사서 산업디자이너들에게 거실을 빌려주고 아침 식사를 제공해서 돈을 벌었다. 거실을 제공받은 방문객들은 호텔보다 저렴한 숙식을 제공받고 현지 사람들의 생활 환경까지 체험할 수 있다며 감격해했다.

체스키와 게비아는 이 경험이 좋은 창업 아이템임을 직감하고 본격적으로 창업 준비에 나선다. 그래서 인터넷 플랫폼을 통해 방을 구하는 사람과 방을 빌려주는 사람을 연결하는 사업을 구상한다. 그러려면 홈페이지 작업이 필요하니, 이런 작업에 능숙한 게비아의 친구 네이선 블레차르지크를 섭외했다. 블레차르지크의 합류로 세 사람은 힘을 합쳐 2008년 8월 공유 숙박 서비스인 에어비앤비를 창업한다. 에어비앤비(Airbnb)란 이름은 공기침대와 아침 식사에서 따온 '에어베드 & 브랙퍼스트(AirBed & Breakfast)'를 줄여서 만들었다.

그러나 사업의 시작은 순조롭지 않았다. 홈페이지를 만들고 나서도 한동안 이용자 수는 몇 명에 불과했고, 1년이 지나서야 겨우 100명을 모을 수 있었다. 에어비앤비와 같은 공유 숙박 사이트나 호스텔 같은 저렴한 숙박 시설이 많았기 때문이다. 사무실 비용조차 감당하기 어려워지면서 체스키는 자신의 집을 사무실로 사용했는데, 이때 직원 수는 15명이었다.

게다가 투자자를 찾는 것은 하늘에 별따기였다. 그래서 창업자 3인방은 스스로 자금 마련에 나섰다. 에어비앤비에서 아침 식사로 만들었던 시리얼을 상품화하여 팔기 시작한 것이다. 이렇게 겸업을 하면서 자금을 마련하는 한편, 체스키 등은 뉴욕 등 대도시를 돌면서 에어비앤비에 방을 제공할 사람들을 섭외했다. 이러한 노력 덕분에 이들의 생존력을 가상히 여긴 투자자가 나타났다. 2009년 기업 투자자 폴 그레이엄(Paul Graham)의 도움으로 첫 투자금을 받게 된 것이다. 이후 에어비앤비는 가파른 성장세를 보인다. 창업 10년 만에 전 세계 2억 명 이상의 이용자, 20개 지사, 기업 가치 300억 달러를 달성한다.

이들의 성공 요인은 절실함과 필요가 적절히 융화된 데 있다. 백수였던 창업자들의 절실함이 전국을 돌아다니며 에어비앤비 이용자 수를 늘렸고, 여행객의 싼 방 구하기와 지역 체험이란 필요 욕구를 제대로 파악했기에 가능했던 것이다. 또한 에어비앤비는 단순히 '숙소'를 대여하는 것뿐 아니라 여행의 '즐거움'과 현지인 같은 '체험'을 제공했다. 이것이 다른 공유 숙박 사이트와 다른 차별화 전략이었고 성공의 길이기도 했다.

참고 자료

『에어비앤비 스토리』(레이 갤러거 지음, 다산북스) / 「에어비앤비 창업자 3인, 성공의 비결은 절실함… 운도 따랐다」(《IT동아》, 2018.01.02) / 「'무주택' 억만장자 CEO… 에어비앤비 브라이언 체스키」(《뉴스핌》, 2015.07.04) / 「우아한 유니콘? '바퀴벌레 생존력' 에어비앤비의 성공스토리」(《아시아경제》, 2019.05.28) / 「일상을 공유한다는 것의 의미, 에어비앤비 창업자들의 철학」(《소비자평가》, 2019.10.10)

실패와 좌절 경험뿐인
소심하고 부정적 사업가의
창업 스토리

"다이소는 망할 거다", "경영 전략 같은 거 없다", "앞을 내다보는 능력 같은 거 없다", "나는 열등하다" 등등 부정적 언어를 거침없이 내뱉은 사람이 있다. 바로 다이소 창업자 야노 히로타케(矢野博丈)다. 그는 다이소 창업에 성공한 CEO지만 그저 평범한 아저씨일 뿐이라고 자처한다. 100엔샵으로 시작한 다이소는 2019년 기준 일본에만 3,367개, 국외 25개국에 5,000개가 넘는 매장을 두고 명실상부한 일본을 대표하는 기업이 되었다. 평범한 아저씨 야노 히로타케. 그가 일군 다이소의 시작은 어떠했는지 비하인드 스토리를 알아보자.

보통 창업으로 성공 신화를 일군 CEO를 소개할 때 빠지지 않는 게 특별함이다. 명석한 두뇌라든지 이로 인해 좋은 대학을 나왔다든지, 또는 언어나 조직, 경영, 관리 능력 등등에서 탁월함을 강조한다. 이런 것에서 예외적 인물이 다이소 창업주다. 의사 집안에서 태어나 한때 복싱선수 생활을 했고, 주오 대학에서 토목공학과를 전공했다는 이력에 대해서는 별로 다루지 않는다. 이런 이력은 다이소 창업과 무관하기 때문이다. 100엔샵 다이소를 세우게 된 과정부터 그의 성공 신화가 시작된다. 이유는 그의 파란만장한 삶을 통해 알 수 있다. 실패와 좌절의 연속이었던 다이소 창립 이전의 삶이 없었다면 오늘의 다이소도 존재하기 어려웠을 테니 말이다.

야노 히로타케는 대학 졸업 후 지방 유지의 딸과 결혼하여 처가인 히로시마에서 방어 양식업을 물려받았다. 하지만 경험 부족으로 방어가 죽어버리고, 이를 극복하지 못해 3년 만에 빚만 지고 파산해버린다. 그는 가족과 함께 밤에 몰래 도망쳐 도쿄로 가서 닥치는 대로 일을 한다. 처음에는 친구 소개로 백과사전 판매를 했으나 거의 책을 팔지 못했고, 이후 종이 회수업, 볼링장 아르바이트 등 여러 직종을 전전했다. 그가 여러 직종을 옮겨다닌 것은 제대로 일을 해내지 못했기 때문이다. 이렇다 보니 끼니 걱정까지 할 정도였다.

그래서 야노는 가족과 함께 다시 히로시마로 돌아가 일용직 노동을 하면서 돈을 벌었고, 이 돈을 종잣돈 삼아 1972년 부인과 함께 야노 상점(Yano Shoten)이라는 이름을 내걸고 트럭 행상을 시작한다. 다행히 잡화 판매는 입에 풀칠할 정도로 돈은 벌 수 있었으나, 이것도 얼마 안 가 위기를 맞는다. 트럭에 불이 나서 상품이 모두 불타버린 것이다. 이때 야노뿐 아니라 부인마저도 충격으로 쓰러진다. 거의 한 달 동안 자포자기하는 심정으로 집에만 있다가 야노는 다시 행상일을 시작했다.

부인이 몸져 눕게 되면서 야노는 혼자 일을 했는데 상품 구입부터 진열, 정리, 판매, 회계 업무까지 혼자 처리해야 했다. 하지만 야심차게 시작했던 일이 한순간 화재로 잿더미가 된 상태라 일할 마음이 생기지 않았다. 100엔샵은 이때 탄생된 것으로, 기발한 아이디어에서 출발한 게 아니다. 자포자기 순간에 귀찮아서 생겨난 생존 전략일 뿐이었다.

어느 날 행상 중에 갑자기 사람들이 몰려오면서 이것저것 값을 물어왔는데, 일일이 가격을 알려주는 일이 귀찮았다. 그래서 무조건 "100엔"이라고 했더니, 반응이 꽤 괜찮아서 100엔 균일가 판매를 시작한다. 이를 계기로 야노는 히로시마의 대형 마트 매장 한쪽을 빌려 100엔샵을 운영하게 된 것이다.

하지만 100엔 균일가 판매는 야노가 처음 한 것이 아니다.

1970년대 잡화 행상인들 중에는 이미 모든 제품의 가격을 하나로 통일해서 판매하는 사람들이 있었다. 다만 100엔은 당시 엄청 저렴한 가격이어서 흔하지 않았을 뿐이다. 게다가 1970년대 중반과 후반에는 두 차례 석유파동이 일어나 전 세계적으로 경제가 어려운 시기였다. 이때 제품 원가가 상승하자 그나마 균일가 행상인들은 자취를 감춰버린다. 그래서 야노는 여러 행상인들이 공존하는 방식을 모색했다. 행상인끼리 모여 다니며 특정 장소를 하루 임대해 판매를 진행하고 다시 다른 장소로 이동하는 방식이었다. 이런 행상 방식을 사업화하기 위해 그는 1977년 야노 상점을 '다이소 산업'으로 변경하고 법인화를 추진했다. 주요 판매 장소는 대형 마트의 주차장이었다.

100엔숍을 처음 시작했을 때 원가가 70엔 이하였기에 품질에 한계가 있었다. '싼 게 비지떡이지', '100엔밖에 안 되는 싸구려일 뿐이야'라는 고객들의 불만을 해소하기 위해 야노는 가격은 저렴해도 품질만큼은 저렴해서는 안 되겠다는 사업 전략을 구상한다. 그래서 제품의 원가를 98엔까지 올리거나 100엔 이상 되는 것도 100엔에 팔았다. 이런 판매 전략은 적중하여 많은 고객이 몰려들었다. 점차 다이소를 찾는 고객이 늘어나자 야노는 100엔숍을 본격화하기 위해 1991년 최초로 시코쿠섬 다카마쓰시에 다이소 매장을 설립한다. 이것이 오늘날 우리가 만나는 다이소 형태의 매장이다.

다이소가 성장하게 된 배경에는 일본 경제의 변화가 있었다. 1980년대 거품경제가 빠지면서 일본 경제는 1990년 초부터 장기 침체에 빠져들고 소비가 줄어들었다. 이로 인해 많은 백화점과 대형 마트가 문을 닫았지만 100엔샵 다이소는 새로운 기회를 맞는다. 바로 소비자들이 다이소로 모여들기 시작한 것이다. 1990년대 후반부터 매출이 수직 상승하면서 2017년에는 4200억 엔에 달했고, 매장도 2000년대에 들어 아시아와 미국으로 진출하기 시작하며 세계적 기업으로 발돋움하게 된다.

야노 히로타케는 비범한 CEO보다는 이웃에서 만날 것 같은 친근한 아저씨 이미지에 가깝다. 소심하고 부정적인 사업

다이소 일본 매장

가라는 점에서도 그러하다. 수많은 실패와 좌절 경험이 담금질이 되어 단련된 것인지 모른다. 뜬구름 잡는 희망보다는 실패를 예견해서 대처하는 소심함과 겸손함이 고객의 니즈를 파악하는 데 중요한 역할을 했기 때문이다. 야노의 다이소 창업은 생존 전략의 하나였을 뿐, 그의 말대로 다이소가 망한다고 해도 그는 또 다른 생존 전략을 구상하고 추진할 것이다.

참고 자료

「"얼마예요?" 질문 귀찮아 무조건 "100엔" 대답… 다이소 창업자 야노 히로타케 회장」
(《한국경제》, 2018.10.04) / 「일본 다이소 '괴짜 사장' 야노 히로타케 성공 스토리」(《비
즈한국》, 2017.11.24) / 「천원샵의 창시자 야노 히로타케… 배경은 귀차니즘?」(《IT동
아》, 2018.02.19) / 「"죽도록 귀찮아 100엔 통일했을 뿐" 다이소 탄생 비화」(《인터비즈》,
2018.10.24) / 「"다이소 망한다 확신" 폭탄발언 도대체 누가?」(《머니투데이》, 2012.04.05)
/ 『다이소가 돈 버는 비밀』(오시타 에이지 지음, AK 커뮤니케이션즈)

커피의 미니멀라이프, 파란색 병 블루보틀의 탄생 이야기

대표적 커피 전문점 브랜드라고 하면 스타벅스가 떠오른다. 특히 우리나라에서 큰 인기를 끌고 있는데 이유는 커피 맛도 있지만 그보다는 넓고 안락한 공간, 와이파이와 콘센트 제공, 무제한 공간 사용 등으로 마치 도서관처럼 이용할 수 있기 때문이다. 그런데 이와 반대되는 커피숍이 있다. 미니멀라이프를 추구하는 블루보틀. 매장이 아무리 커도 좌석 수를 늘리지 않을 만큼 미니멀한 인테리어를 추구하고 와이파이와 콘센트를 제공하지 않으며 오직 커피맛에만 승부를 건다. 대표 커피는 핸드드립으로 천천히 커피향을 음미해가며 마시는 싱글 오리진의 스페셜 커피다. 느림과 미니멀! 이것이 파란색 병 로고로 상징되는 블루보틀의 트렌드다. 블루보틀을 창립한 사람은 클라리넷 연주자였던 제임스 프리먼(James Freeman)이다. 커피와 관련 있는 직업을 가진 사람이 아니고 음악가였던 그가 어떻게 해서 시대를 역행하는 커피숍을 창립하게 된 것인지 그 과정을 살펴보자.

파란색 병 로고만 있어도 블루보틀임을 알 수 있다. 대부분의 매장이 로고만 상징적으로 사용하는데, 깔끔한 디자인이 호응을 얻으면서 더 유명해졌다. 그러면 블루보틀이란 이름은 어떻게 만들어진 것일까? 블루보틀은 17세기 오스트리아 빈

심플한 블루보틀 카페 간판(일본 도쿄)

에서 개점한 카페 이름인 블루보틀 하우스에서 따온 것이다. 당시 빈은 오스만튀르크(오늘날 터키)의 침략으로 벌어진 전쟁이 막 끝난 뒤였다. 이때 튀르크 병사들이 콩을 담아둔 파란색 병을 남기고 갔는데, 블루보틀 하우스 주인은 이것이 커피임을 알아보고 이들이 남긴 커피를 사들여 카페를 열었다. 이것이 오스트리아에서 커피 전문점의 시작인 셈이다. 그래서 블루보틀의 창업자 프리먼은 파란색에 터키블루를 썼다. 블루보틀 하우스의 시작 정신을 닮고자 했는지 모른다.

프리먼은 12세 때 클라리넷을 처음 접하면서 훌륭한 음악가의 꿈을 꾸기 시작했다. 그래서 학교 졸업 후 교향악단에 들어가 클라리넷 연주자로 활동한다. 하지만 연주자로서의 생활이 순탄하지는 않았다. 해마다 국내외를 오가면서 순회공연을 해야 했는데, 쉴 틈 없이 연주를 한다는 것은 중노동에 가까웠다. 게다가 아무리 연습을 해도 실력이 늘지 않았기에 음악가로서의 희망이 없어 보였다. 이렇게 회의가 들기 시작하자 더이상 공연도 음악도 지겨워졌고, 새로운 일을 구상하며 교향악단을 그만두었다.

프리먼이 퇴직 후 바로 사업을 시작한 것은 아니다. 그는 2001년 음악 관련 벤처기업에 들어가 일을 한다. 하지만 그해 9·11 테러가 일어나고 미국 경제가 휘청이면서 회사가 어려워지자 해고되고 만다. 그래서 시작한 사업이 커피 장사였다. 평소 그는 커피를 좋아했다. 순회공연 중에도 자신이 볶은 커피원두를 들고 다니면서 드립 커피를 만들어 마시곤 했다. 커피 전문점에서 마셔본 커피가 입맛에 맞지 않았기 때문이다. 일자리가 없어지자 그는 틈틈이 맛있는 커피를 만들기 위해 연구를 하면서 취미로 즐기던 드립 커피를 만들어 시중에 파는 사업을 구상한다.

2002년 프리먼은 샌프란시스코 북쪽 오클랜드에 있는 식당의 차고를 빌려 커피원두를 볶는 로스팅 기계를 들여놓았다. 본격적으로 맛있는 커피 만들기에 들어간 것이다. 커피는 원산지에 따라 그리고 로스팅 시간과 온도, 추출 방법에 따라 그 맛이 달라진다. 가장 최고의 맛을 알아내기 위해 하루 종일 로스팅 시간과 온도를 달리해가며 커피 개발에 몰두했다. 그러다가 토요일마다 드립 기구를 손수레에 싣고 근처에서 열리는 농산물 직거래 장터에 나가 핸드드립 커피를 팔았다. 로스팅한 지 48시간 이내의 커피원두를 핸드드립으로 10여 분 이상 걸려 만들어낸 한 잔의 커피는 손수레 앞에 긴 줄을 만들어낼 만큼 인기를 끌었다. 이것이 블루보틀의 시작이다.

2005년 프리먼은 샌프란시스코 헤이즈밸리에 있는 친구의 건물 차고를 빌려 블루보틀 첫 매장을 낸다. 블루보틀 커피 사업을 본격화한 것이다. 그는 기존 커피 전문점과의 차별화를 위해 커피 맛에만 집중했다. 다양한 메뉴보다는 드립 커피, 에스프레소, 카푸치노, 라떼, 모카 등 몇 가지 커피만을 선정해서 제조 시간이 오래 걸리는 대신 품질을 높였다. 컵 크기도 한 가지로 통일했고, 시럽 등 첨가물은 넣지 않았다. 블루보틀 커피의 맛과 향은 곧 샌프란시스코 젊은 사업가들의 입맛을 사로잡았다. 이들의 입소문을 타면서 블루보틀은 벤처기업 투자자들까지 불러들였다.

이후 지속적으로 트루벤처스, 구글벤처스, 모건스탠리 등으로부터 투자를 받게 되면서 매장을 늘리고 사업을 확장할 수 있었다. 커피 맛에 감동한 투자자들이 블루보틀의 잠재력을 내다본 것일까?

프리먼은 2017년 세계적인 커피 기업인 네슬레한테 4억 2500만 달러(약 5000억 원 정도)를 받고 블루보틀을 넘겼다. 이후 블루보틀 사업은 아시아 쪽으로 매장을 늘려가면서 2015년 첫 해외 진출인 일본에 이어 두 번째 해외 진출로 2018년 한국에 국내 1호점을 개점했다.

블루보틀의 창업자인 제임스 프리먼은 회사 규모가 커진다거나 매장 수를 늘리는 일보다 품질 향상이 가장 중요하다고 생각한다. 그래서 매일 더 맛있는 커피를 만들어내야 한다는 강박감을 갖게 되었지만, 그는 이것이 블루보틀을 성장시키는 원동력이라고 말한다. 핸드드립 커피 블루보틀의 창립과 성장은 창업자의 커피에 대한 열정과 이를 실행에 옮기고 지켜낸 고집, 그리고 맛과 향뿐만 아니라 느림의 미학을 즐기는 고객이 있었기에 가능했다.

참고 자료

「제임스 프리먼 블루보틀 창업자, 고급 핸드드립 커피로 니치마켓 공략에 성공하다」(《매일경제》, 2019.03.25) / 「콘센트 없고 불편한 블루보틀, 한국인 바다 건너 성지순례 왜?」(안혜리 글, 《중앙일보》, 2019.05.03) / 「"매출보다 품질" 타협 없는 창업 마인드에, 1,400억 원이 몰렸다… 커피 혁명」(《위클리 비즈》, 2016.11.26) / 「커피 전문점 '블루보틀' 창업자 제임스 프리먼, "맛 끝내준다" 입소문에 글로벌 대박」(《한경닷컴》, 2017.03.30) / 「'애플과 닮은꼴' 블루보틀… 차고 창업, 독창적 맛, 열광하는 팬」(《조선비즈》, 2018.11.07)/ 「카페 블루보틀」(김태균 외 지음, 팬덤북스)

비단 주머니 샘플에서
시작된 티백 발명의 뒷이야기

커피 외에 자주 마시는 음료에는 차(茶)가 있다. 차는 인류가 먹어온 오래된 식품 중 하나로 차 문화는 중국 등 아시아에서 시작되었다. 하지만 오늘날 차를 간편하게 우려 마실 수 있는 티백은 서양에서 처음 만들어졌다. 차를 마시려면 한 잔 분량의 찻잎을 계량기에 재고 그것을 우려낼 여러 도구들, 즉 주전자, 거름망, 따뜻한 물, 잔 등이 필요하다. 한 번 마시기 위해 준비해야 할 것들이 많다. 마신 후 설거지뿐 아니라 우려낸 찻잎도 처리해야 하는 귀찮은 과정도 있다. 티백은 이런 귀찮은 일을 한번에 해결해준다. 그래서 오늘날에는 맛과 질을 높인

티백이 차 판매의 90퍼센트를 차지할 정도로 인기가 높다. 티백은 맨 처음 어떻게 시작된 것일까? 발명의 뒷이야기를 알아보자.

차는 녹차, 홍차, 허브차, 둥굴레차, 국화차 등 종류도 다양하다. 차에는 카페인, 탄닌, 아미노산, 비타민 등이 풍부해서 정신 안정, 노화 억제, 비만 방지 등에 좋다고 알려져 있어 매일 마시기도 한다. 하지만 전근대시대까지만 해도 상류층에서만 향유할 수 있는 귀한 식품이었다.

차의 기원에 대해서는 여러 설이 있는데 가장 유력한 것이 중국 기원설이다. 중국의 차 문화가 발달하고 주변국으로 널

간편하게 차를 마실 수 있게 해주는 티백

리 퍼지면서 유력해졌다. 차와 관련해서 가장 오래된 기록도 중국에 있다. 당(唐)나라의 학자 육우(陸羽)가 차에 대해 쓴『다경(茶經)』은 제목도 차의 경전이란 의미다. 이 책에서는 농업과 의약의 신인 신농(神農)이 처음 차를 마셨다고 기록하며 차의 기원으로 보았다. 중국인들은 주로 물을 끓여 먹었는데, 맹물이 밍밍해서 맛을 내기 위해 찻잎을 넣어 마시다 차 문화가 형성된 것으로 보인다. 차 문화는 이미 고대부터 중국뿐 아니라 한국, 일본, 아시아 등지로 확산되어 있었다.

중국의 차는 17세기 네덜란드와 포르투갈 상인들에 의해 유럽에 전파되었고, 귀족 사회를 중심으로 폭발적인 인기를 끌었다. 차의 향과 맛뿐 아니라 동양의 특효약이라는 소문이 나면서 수요가 급증한 것이다. 특히 영국은 자국 차 수요가 급등하자 네덜란드를 몰아내고 중국 차 수입을 독점한다. 영국인들의 차 사랑과 관련해서 여러 사건이 일어나는데, 대표적인 것이 아편전쟁과 보스턴차사건이다. 많은 차 수입으로 적자가 누적되자 영국 정부는 손해를 만회하기 위해 값싼 인도산 아편을 중국인에게 판매한다. 이러한 상황에서 중국 정부가 아편 판매를 저지하려들자 아편전쟁이 일어난 것이다. 보스턴차사건은 영국 정부가 차에 대한 세금을 올리려고 하자 북아메리카 주민들이 보스턴 항구에 정박한 동인도회사 선박에 실려 있는 차 상자를 바다에 빠뜨리며 저항한 사건으로, 이를 계기로 미국의 독립전쟁이 일어났다.

영국에서는 여전히 차에 대한 사랑이 계속되었으나 독립을 이룬 미국에서는 한동안 차보다는 커피를 선호했다. 그러던 중 미국에서는 19~20세기 초 차를 간편하게 마실 수 있는 티백이 발명되어 상용화하기 시작한다. 티백을 발명한 주인공은 뉴욕의 차 판매 중개상인 토머스 설리번(Thomas Sullivan)이다. 그는 새로운 차를 수입할 때마다 판매 전략으로 소량의 시음용 샘플을 단골 고객에게 보내곤 했다. 그런데 샘플을 담는 용기인 깡통 값이 나날이 올라가자, 그는 고민 끝에 비용 절감 차원에서 깡통 가격의 절반밖에 안 되는 중국산 비단 주머니를 이용해 샘플용 1회분의 찻잎을 비단 주머니에 넣어 보냈다.

그런데 얼마 안 가 샘플을 계속 보내주든지 샘플 주머니를 보내달라는 고객의 요청이 들어왔다. 설리번은 의아해하며 왜 그런지를 알아보니, 샘플을 받은 고객이 비단 주머니를 통째로 주전자에 넣어 차를 끓여 마신다는 것을 알게 되었다. 고객 입장에서는 일일이 차를 계량하지 않아도 되고, 우려낸 찻잎을 다시 건져낼 필요가 없이 그대로 버릴 수 있어서 편리했던 것이다. 자신이 보낸 샘플의 편리성을 간파한 설리번은 1908년 비단 주머니 대신 거즈에 찻잎을 담은 티백을 판매하기 시작했다. 이후 티백 판매가 인기를 끌면서 차의 수요가 늘어났다.

설리번은 티백을 만들어 상품화한 사람일 뿐 특허권자는 아니다. 이미 티백 특허가 있었기 때문이다. 최초의 티백 특허는 1896년 영국에서 있었는데, 거즈에 찻잎을 싼 형태였다. 하지만 영국 상류층은 티백을 맛이 없다고 선호하지 않았다. 이후 미국에서 1901년 로버타 로슨(Roberta C. Lawson)과 매리 맥클라렌(Mary Mclaren)이 '찻잎 홀더(Tea Leaf Holder)'라는 티백을 특허 등록했다. 이것은 오늘날 볼 수 있는 티백과 유사한 디자인이지만, 상업화되지 못했다. 오늘날 가장 많이 쓰이는 종이 티백은 1930년 미국 보스턴 종이회사에 다니던 윌리엄 허맨슨(William Hermanson)이 처음 개발했다.

1920년대에 들어와 티백은 미국인들이 선호하게 되면서 차 문화의 하나로 자리 잡게 되었고, 1930년대에 미국의 차 포장업체에서는 거대한 포장 기계가 하루종일 돌면서 매일 1만 8,000개의 다양한 티백을 생산하기 시작했다. 또한 미국의 각 가정마다 1회용 티백이 주방에 자리 잡고 있을 정도로 대중화되었다. 영국에서는 20세기 초반까지도 티백이 여유와 절차가 중요한 차 문화를 무시했다며 선호하지 않았다. 그래서 영국에서는 1968년까지만 해도 전체 차 음용 인구 중 티백의 사용률이 3퍼센트밖에 안 되었지만, 20세기 말에는 90퍼센트에 이르게 된다.

오늘날 전 세계적으로 차의 90퍼센트는 잎차가 아닌 티백의 형태로 판매되고 있다. 전 세계 차 시장을 유지하는 것은 어쩌면 티백인지도 모른다. 이제 티백은 다양한 형태로 맛의 질을 높일 뿐 아니라 직접 찻잎으로 우려먹는 맛과 유사한 맛이 날 수 있도록 고급화를 추구한다. 많은 사람이 취향에 맞게 다양한 티백을 마시며 여유를 즐길 수 있게 된 것은 우연에 의해 시작된 토머스 설리번의 티백 때문이다. 그가 상품화하면서 티백의 대중화가 이루어진 것이다.

참고 자료

「고객의 착각이 만든 차의 혁명」(이성규 글, 《사이언스타임즈》, 2015.12.14) / 「'티백(Tea Bag)' 덕분에 바빠도 티타임!」(《윕뉴스》, 2020.11.28) / 「티백(tea bag)」(《중앙일보》, 2003.06.15) / 「종이티백」(왕연중 글, 《농촌여성신문》, 2018.07.20) / 설리반의 티백, 네이버 발명상식사전 / 「차의 기원과 학명」(녹차수도보성 한국차박물관)

실수가 빚어낸 켈로그 형제의 콘플레이크 창업 스토리

그래놀라, 뮤즐리, 콘플레이크의 공통점은 한끼 식사 대용의 시리얼이라는 것과 환자를 위해 개발된 음식이라는 점이다. 시리얼은 인류가 오래전부터 먹어왔던 음식으로 밀, 귀리 등 잡곡을 갈거나 으깨어서 죽처럼 만든 것이다. 이런 시리얼을 환자들이 먹기 좋고 영양 많은 음식으로 만들기 위한 노력이 19세기에 있었다. 그래서 탄생한 것이 그래놀라, 콘플레이크, 뮤즐리 등이다. 이 가운데 탄생 과정에서 특별한 비화가 담긴 것이 있다. 바로 켈로그 형제가 탄생시킨 콘플레이크다. 지금은 마트의 한쪽 벽을 온통 차지한 콘플레이크를 흔히 볼 수 있는데, 그만큼 많은 사람으로부터 간편한 아침 식사 대용으로 널리 사랑받는다는 것을 알 수 있다. 그럼 어떻게 환자들을 위한 영양식 개발에서 콘플레이크가 탄생하게 되었는지 그 비하인드 스토리를 알아보자.

한끼 식사 대용으로 처음 만들어진 시리얼은 1863년 뉴욕에서 요양원을 설립한 제임스 케일럽 잭슨(James Caleb Jackson, 1811~1895)의 그래놀라다. 이는 결핵 환자들에게 제공하기 위해 개발한 것으로, 반죽한 통밀가루에 견과류를 설탕 등과 섞어서 오븐에 구워내어 잘게 부순 것이다. 이것을 환자들에게 아침 식사로 주었는데 인기가 많았다. 하지만 그래놀라는 먹기 하루 전날 우유나 물에 담가놓아야만 부드러워져서 먹을 수 있다는 단점이 있었다. 뮤즐리는 20세기 초 스위스의 의사 막시밀리안 비르헤르-베너(Maximilian Bircher-Benner, 1867~1939)가 자신이 운영하던 건강 클리닉의 환자들을 위해 처음 개발한 것이다. 내용은 그래놀라와 비슷한데, 납작한 곡물과 말린 과일 등을 굽거나 튀기지 않고 생것 그대로 우유 등에 넣어 마시는 점이 다르다. 오늘날 스위스의 대표 음식이기도 하다.

오늘날까지도 널리 애용되고 있는 켈로그 콘플레이크는 19세기 말 존 하비 켈로그(John Harvey Kellogg, 1852~1943)에 의해 탄생되었다. 그는 미국 미시간주의 배틀크리크에서 자라면서 당시 금욕주의를 강조한 제7일 안식일 예수재림 교회의 지원으로 뉴욕의 의과대학에 들어가 유학 생활을 했다. 졸업 후에 고향에 돌아와 교회에서 설립한 배틀크리크 요양병원의 총책임자가 된다. 제7일 안식일 예수재림 교회는 흔히 안식교라고 불리는 개신교의 하나로 당시 배틀크리크 지역에서 성행한 신흥종교였다. 존 하비 켈로그는 신실한 종교인으로 모든 병은 과도한 식욕과 성욕에서 비롯된다고 보고 금욕주의와 신앙을 결합한 건강 운동을 추구했다. 그래서 환자들을 위해 식욕과 성욕을 억제하는 음식 개발에 힘썼다.

존 하비 켈로그는 고온에 통밀을 구우면 소화를 촉진할 수 있고 건강에 더 좋을 것이라고 생각했다. 그래서 비스킷처럼 만들어 환자들에게 주었으나 너무 딱딱해서 이가 부러지는 일이 생겼다. 그래서 다시 연구한 끝에 밀, 귀리(오트), 옥수수 가루를 섞은 반죽을 두 번 구운 뒤 잘게 조각을 내서 요양원 환자들에게 주었다. 완전한 콘플레이크는 아니었지만 어느 정도 비슷한 형태였다.

그러던 어느 날, 요양병원 사무원으로 근무하던 동생 윌 키스 켈로그(Will Keith Kellogg, 1860~1951)와 통밀로 음식 개발을 하던 중 두 사람 모두 일이 있어 자리를 비우는 일이 생겼다.

한참 시간이 지난 후 연구실에 와보니 통밀 반죽이 발효가 되어 시큼한 냄새가 났다. 이를 버릴 수도 없어 신선도는 떨어지지만 롤러로 납작하게 만들어 보았다. 그런데 예상 외로 롤러에서 나온 통밀 조각은 플레이크 형태가 되어 오븐에 구워보

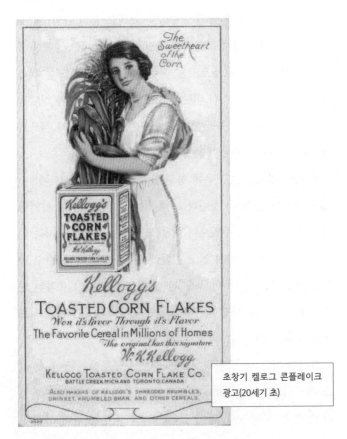

초창기 켈로그 콘플레이크 광고(20세기 초)

니 바삭하고 맛도 좋았다. 이것을 우유에 담아 환자들에게 주었더니 뜻밖에 호응이 좋았고, 퇴원한 후에도 이 플레이크를 찾았다. 왜냐하면 맛만 좋은 것이 아니라 소화도 잘되고 영양도 좋았기 때문이다. 존 하비 켈로그는 이 음식의 상품으로서의 가치를 알아채고 바로 콘플레이크의 특허를 등록했다. 또한 동생 윌 키스 켈로그는 대중화된 상품을 만들기 위해 연구를 거듭해서 옥수수로 플레이크를 만들면 더 바삭하고 고소하다는 사실을 알아낸다.

그런데 존 하비 켈로그 요양병원의 콘플레이크가 맛있다는 소문이 퍼지면서 배틀크리크 마을에는 시리얼을 만들어 파는 가게가 수십 개 생겨났다. 게다가 존 하비 켈로그의 환자였던 찰스 윌리엄 포스트(Charles William Post, 1854~1914)도 요양병원 입원 중에 켈로그 형제의 콘플레이크 만드는 과정을 보았는데, 이것이 인기가 있자 그는 1895년 포스텀 시리얼 회사를 설립한다. 이 회사가 오늘날 켈로그와 콘플레이크 시장을 양분하다시피 한 포스트 회사다. 포스트는 켈로그의 콘플레이크를 도용해 먼저 사업을 시작한 것이다.

켈로그 형제는 1897년 콘플레이크 제조 회사를 차렸다. 하지만 형과 동생은 콘플레이크의 맛을 두고 갈등을 빚었다. 형 켈로그는 아무것도 가미하지 않은 건강식인 콘플레이크를 고집했고, 동생은 대중적 입맛에 맞도록 설탕 등을 가미하자는 주장을 폈다. 결국 이들은 의견 충돌로 갈라섰고, 동생 켈로그는 1906년 '배틀크리크 토스티드 콘플레이크 회사(Battle Creek Toasted Corn Flakes Company)'를 세웠으며, 나중에 '켈로그 회사(Kellogg Company)'로 이름을 바꾸었다.

동생이 세운 켈로그 회사는 초기에는 먼저 시작한 포스트 회사에 눌려 2위에 머물렀으나, 오늘날에는 포스트를 제치고 콘플레이크 시장에서 1위를 차지하며 세계 100대 기업에 들 만큼 성장했다. 비록 동생과의 의견 충돌로 함께 사업을 하지는 않았으나 우연으로 만들어진 존 하비 켈로그의 콘플레이크는 지금까지도 건강한 식사를 찾는 고객의 식탁에 여전히 오르고 있다.

참고 자료

『MUST KNOW 세계 100대 기업』(김민주 지음, 미래의창) / 「켈로그 형제의 콘플레이크 발명!」(어과수 글, 《어린이 과학동아》 10호, 2021.05.15) / 「간편식 시리얼의 유래는 건강식품」(이성규 글, 《사이언스타임즈》, 2015.06.03) / 「콘플레이크는 자위 억제용 발명품?」(진품이 글, 특허청 블로그, 2008.07.20) / 「'콘푸레이크'의 흥미로운 역사」(박상현 글, 《세계일보》, 2020.12.01) / 그래놀라, 두산백과 / 뮤즐리, 두산백과 / 「19C 초 美 금욕주의 성행 '시리얼' 탄생」(《문화일보》, 2002.09.11) / 「시리얼의 원조 '켈로그', 20세기 미국의 식문화를 바꾸다」(《아시아경제》, 2019.10.25)

스코틀랜드 사람을 가리키는 말에서 유래된 스카치테이프

3M은 우리에게 친숙한 회사다. 문방구류나 주방용품 등에서 쉽게 접할 수 있는 제품들을 만드는 회사이기 때문이다. 이회사의 특징은 상품명이 일반명사처럼 쓰이는 제품을 많이 보유하고 있다는 점이다. 스카치테이프와 포스트잇이 대표적이다. 둘은 모두 3M사에서 개발된 상품 이름인데, 투명테이프나접착메모지를 부를 때 일반명사처럼 쓰이곤 한다. 3M에서 처음 개발되어 필수 상품이 되었기 때문이다. 창립 초기 3M의성장을 이끈 상품인 스카치테이프에는 탄생에 대한 비하인드스토리가 전해진다. 오늘날 거대 기업으로 성장하게 만든 3M

의 한 축을 담당하는 스카치테이프! 어떤 과정으로 탄생되어 폭발적인 판매량을 이룩할 수 있었는지 20세기 초반으로 돌아 가보자.

3M은 1902년에 헨리 S. 브라이언(Henry S. Bryan), 윌리엄 A.맥고나글(William A. McGonagle) 등 5명이 함께 투자하여 창립한 미네소타 광공업 회사(Minnesota Mining and Manufacturing Co.)에서 시작한다. 3M이란 이름은 나중에 이 회사 이름의 첫 글자 MMM을 따서 만든 것이다. 초반에는 연마제 제조에 필요한 광물 발굴을 위해 광산업도 겸했으나 발굴에 실패하면서 사포(Sandpaper) 등 연마제 생산에만 주력했다. 1920~1930년 대에 방수용 사포, 마스킹테이프, 스카치테이프 등 수많은 제품을 개발하여 성장의 발판을 마련했다. 현재는 전자·정보 기술, 그래픽, 소비재, 생명과학 분야까지 진출하여 다양한 제품을 생산하는 거대 기업이 되었다.

그럼 스카치테이프의 탄생 이야기로 돌아가자. 이것을 발명한 사람은 3M 연구소 직원인 리처드 드류(Richard Drew)다. 그는 미네소타대학 공과대를 다녔으나 1년 만에 중퇴하고 3M에 보조 기술자로 들어간다. 당시 3M의 주력 상품은 사포였고, 드류는 사포 원자재를 테스트해서 자동차 정비소에 신제품의 견본을 배포하는 일을 했다.

1920년대 당시에는 두 가지 색으로 칠한 자동차가 유행하고 있었는데, 자동차 제조업체에서는 도색 작업이 엄청난 골칫거리였다. 자동차에 한 가지 색을 칠하고 두 번째 색을 칠하려면 원래의 칠 표면 위에 종이를 덮고 테이프를 붙여 경계를 깨끗하게 처리해야 한다. 그런데 페인트가 마른 후 종이와 테이프를 떼어내면, 접착력이 너무 강해서 페인트가 벗겨지거나 접착제 자국이 남거나 해서 다시 칠하는 일까지 벌어졌다. 이때 자동차 정비소를 자주 드나들며 이런 접착제 문제를 알게 된 드류는 붙였다가 떼어내도 페인트가 벗겨지거나 자국이 남지 않는 테이프를 연구하기 시작했다. 2년 동안 식물성 기름, 온갖 합성수지, 글리세린 등 수많은 재료로 실험했으나 실패의 연속이었다. 당시 사장인 윌리엄 맥나이트(William McKnight)는 드류에게 그 연구를 포기하고 본래 업무로 돌아갈 것을 지시했지만, 드류는 사장의 지시를 따르지 않고 실험을 계속했다. 결국 1925년 접착성이 있으면서도 쉽게 떼어지는 마스킹테이프를 개발한다. 세계 최초의 마스킹테이프 덕분에 자동차 도장 작업자들의 문제가 해결되었다. 드류는 마스킹테이프의 폭발적인 인기로 보조 기술자에서 단번에 연구소 기술 부분장으로 승진했다.

1930년 드류는 투명한 스카치테이프를 개발한다. 당시 셸

로판을 발명한 듀폰사 덕분에 셀로판으로 된 투명포장지를 슈퍼마켓이나 빵집 등에서 제품을 포장하는 데 사용할 수 있었다. 그는 투명포장지에서 힌트를 얻어 투명한 셀로판과 접착제를 접목한 테이프 개발에 나선 것이다. 포장을 위해 당시 사용되던 테이프들이 대부분 색깔이 있는 것들이라서 포장을 해도 예쁘지 않았다. 이런 점에 착안하여 그가 투명한 테이프 연구를 시도한 결과 스카치테이프가 탄생했다. 그런데 어째서 스카치란 이름이 붙게 된 것일까?

스카치테이프와 관련해서 재미있는 이야기가 전해진다. 어느 날 드류가 자동차 정비소를 방문했을 때 자동차에 색칠을 하던 작업자가 마스킹테이프의 접착제가 가장자리에만 살짝 발라져 있는 것을 못마땅해하며 말을 던졌다. "스코틀랜드에 있는 당신 사장한테 가서 테이프에 접착제나 더 발라달라고 하시오"라고 말이다. 스코틀랜드는 사장이 있는 곳을 말하는 것이 아니라 '구두쇠, 인색한, 째째한'을 의미하는 속어다. 즉 인색한 사장을 빗대어서 말한 것인데, 이는 당시 스코틀랜드 사람들이 검소하고 실용적 생활을 한 데서 나왔다고 한다. 도장 작업자의 말에서 스카치테이프란 이름이 붙여졌다는 이야기다. 스카치(Scotch)는 스코틀랜드 사람을 가리키는 말이며, 스카치테이프로 이름을 붙인 것은 인색하다는 의미보다는 스

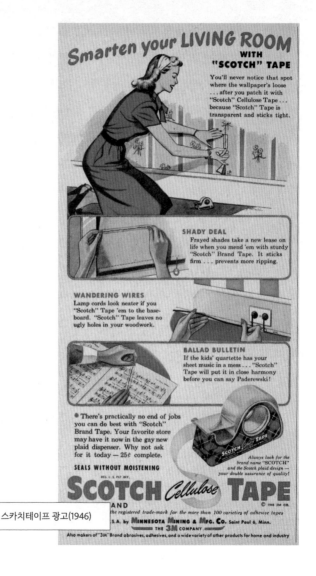

스카치테이프 광고(1946)

코틀랜드 사람들의 실용성에 의미를 둔 것으로 보인다.

스카치테이프는 1929년 일어난 경제 대공황의 여파로 엄청난 인기를 끈다. 스카치테이프를 이용해서 여러 물건을 고쳐 쓰거나 재사용할 수 있기 때문이다. 특히 주부들은 개봉한 우유 캔을 밀봉할 때, 집에서 만든 음식에 라벨을 붙일 때, 찢어진 책 페이지나 부서진 장난감을 수선할 때 스카치테이프를 사용했다. 스카치테이프는 경제 불황이라는 어려운 시기에 물자를 아끼고 절약할 수 있는 훌륭한 도구였던 셈이다.

3M의 스카치테이프는 고유명사로 투명 셀로판 테이프의 제품 이름일 뿐이다. 하지만 지금까지도 매년, 지구를 165바퀴 감을 수 있는 양의 스카치테이프가 90여 개국에서 판매되고 있다. 이런 상황은 3M이 혁신적 개발에 힘썼기에 가능한 것이 아닐까.

참고 자료

「왜 스카치테이프라고 부를까」(《전자신문》, 2014.12.22) / 「스카치테이프, 포스트잇… 모두 '3M' 발명품」(《아시아경제》, 2021.07.14) / 「두 남자, 노벨상 그리고 '스카치테이프'」(김병민 글, 《아시아경제》, 2017.09.06) / 「110년간 멈추지 않은 역발상의 혁신, 근무시간 15% 아이디어에 투자」(《CNB JOURNAL》 제384호, 2014.06.26) / 「끊임없는 혁신으로 세상을 바꾼 '3M'」(《아이뉴스24》, 2018.04.28)

화투를 만들던 닌텐도의
비디오게임 사업 도전기

2020년 우리나라에 소개된 콘솔 게임 하나가 선풍적인 인기를 끌며 품귀 현상까지 빚어냈다. 닌텐도 스위치 게임인 '모여봐요 동물의 숲'이다. 게임의 내용은 아무도 없는 무인도에 도착해서 집을 짓고 숲의 동물들과 대화하고 낚시를 하는 등 무인도를 꾸미는 것이다. 특별할 것 없는 게임이지만, 코로나19의 영향과 일상에서 지친 사람들에게 정신적 위안을 주는 힐링 게임으로 각광을 받으면서 큰 인기를 끈 것으로 보인다. '모여봐요 동물의 숲'은 2020년 3월 출시 직후 월 매출 100억 달러(약 11조 6900억 원)를 넘어서는 등 500만 장 판매로 월간지

《콘솔 게임》이 발표한 최대 판매량에서 세계 기록을 세우기도 했다. 이런 새 제품의 인기에 힘입어 닌텐도는 2021년 4월부터 6월까지 닌텐도 스위치 누적 판매량이 총 8904만 대를 기록한다. 가장 많이 판매된 게임은 '마리오카트8 디럭스'로 3708만 개이고, '모여봐요 동물의 숲'은 3389만 개가 팔렸다.

닌텐도 스위치는 소니의 플레이스테이션과 함께 세계의 콘솔 게임을 이끌고 있는 쌍두마차라고 할 수 있다. 콘솔 게임은 전용 게임기를 텔레비전이나 모니터의 화면에 연결시켜서 하는 게임을 가리킨다. 닌텐도사는 이미 20세기 후반부터 '슈퍼마리오', '포켓몬스터', '젤다의 전설'을 비롯해서 '모여봐요 동물의 숲' 등 인기 시리즈를 출시하여 세계의 게임 산업을 이끌어왔다. 하지만 닌텐도사에서 비디오게임기가 대표 사업이 된 것은 그리 오래전의 일이 아니다. 본격적인 비디오게임기를 출시한 것은 불과 1977년부터다. 그렇다면 닌텐도사는 어떻게 시작된 것인지 그 비하인드 스토리를 알아보자.

닌텐도사는 교토에서 1889년 야마우치 후사지로(山内房治郎, 1859~1940)의 일본 전통 화투를 파는 가게에서 시작되었다. 가게 이름은 닌텐도곳파이(任天堂骨牌, 임천당골패)로 닌텐도는 임천당(任天堂)의 일본말이지만, 특별한 의미가 있는 것은 아니다. 창립 초기에는 화투를 주로 만들어 팔다가 1902년부터 일본 최초로 서양의 카드 트럼프를 제작해서 판매했는데, 화투와 트럼프는 인기를 끌며 꽤 팔려나갔다. 1929년에는 창립자 후사지로의 데릴사위 야마우치 세키료(山內積良, 1883~1949)가 2대 사장이 되어 회사를 이끌었고, 1947년에 회사 이름을 '마루후쿠 주식회사(丸福, Marufuku Co., Ltd.)'로 변경했다. 1949년에 세키료가 죽자 창업자의 증손자이자 세키료의 손자인 야마우치 히로시(山內薄, 1927~2013)가 뒤를 이어 마루후쿠 주식회사의 3대 사장이 되었다. 바로 오늘의 닌텐도를 만들어낸 일본 게임 산업의 신화적 인물이기도 하다. 이때 그의 나이 22세로 와세다대학 법학부를 다니고 있었다. 원래는 3대 사장이 되어야 할 그의 아버지 역시 데릴사위였는데, 다른 여자와 바람이 나서 집을 나간 상태였으므로 하는 수 없이 그가 사장이 된 것이다. 야마우치 히로시는 화투로 도박 중독자를 양산한다는 비난도 많아 가업을 잇고 싶어하지 않았는데, 할아버지가 죽기 전 그를 설득했다. 이때 그는 회사 경영에 간섭할 우려가 있는 사내의 인척들을 모두 물러나게 해달라고 요구했고, 할아버지가 이를 약속하여 닌텐도의 사장직을 수락했다.

히로시는 과감한 사내 개혁을 추진하면서 신제품 개발에도 주력했다. 그는 1951년에 회사 이름도 초기 이름인 닌텐도곳파이 주식회사로 바꾸었다. 1953년에는 세계 최초로 플라스틱 재질 트럼프 카드를 생산하여 인기를 끌었으며, 1959년에는 디즈니 캐릭터들을 인쇄한 디즈니 트럼프로 다시 한번 큰 인기를 얻었다. 그는 이런 제품의 인기로 많은 돈을 벌게 되면서 새로운 사업에 눈을 돌렸다. 택시회사인 다이야 교통, 인스턴트 밥을 생산하는 식품회사, 러브호텔까지 설립하며 문어발식 사업 확장에 나섰다. 그리고 1963년에는 회사 이름에서 곳파이를 빼고 오늘날의 이름인 '닌텐도 주식회사'로 바꾸었다. 그의 거침없는 사업 확장은 성공했을까? 그의 새로운 사업들은 모두 적자를 면치 못했다. 게다가 히로시가 한눈파는 사이에 트럼프 인기가 사그라져 닌텐도의 본 사업조차 위기 상황에 직면하게 된다.

히로시는 위기를 극복하고자 새로운 사업을 정리하고 회사의 기반인 '놀이'에 집중했다. 이때쯤 닌텐도에 한 명의 구원투수가 등장한다. 바로 1965년 닌텐도에 입사한 인재 요코이 군페이(横井軍平, 1941~1997)다. 요코이는 도시샤대학 전자공학과 출신으로 트럼프 공장 생산 장비 중간관리직으로 입사했지만 맡은 일을 열심히 하기보다는 남은 재료로 장난감 만들기를 더 좋아했다. 어느 날 히로시가 사내를 돌아다니다가 우연히 요코이가 자신이 만든 장난감으로 놀고 있는 모습을 목격하는데, 히로시는 훈계하지 않고 오히려 장난감을 살펴본

후 이를 상품화하자고 권유했다. 이렇게 해서 나온 대표적 제품이 1966년 출시된 울트라 핸드다. 이는 산업용 로봇 팔에서 모티브를 얻어 만들어낸 것으로, 나오자마자 선풍적인 인기를 끌었다. 이후 히로시는 요코이를 완구 개발부의 주임으로 승진시킨다. 요코이는 광선총 장난감을 개발하여 큰 히트를 기록했으며, 연이은 인기 제품 출시로 닌텐도사는 위기 상황을 벗어날 수 있었다.

1970년대 말 미국에서는 가정용 게임기가 높은 인기를 끌기 시작했고, 일본에서는 오락용 게임업이 히트를 치고 있었다. 요코이는 이런 변화에 힘입어 당시 보급되고 있던 휴대용 전자계산기 기술을 응용한 휴대용 게임기를 개발했는데, 그것이 바로 1980년에 출시된 '게임앤드워치'다. 게임앤드워치는 기기당 한 가지의 게임만 즐길 수 있었고, 화면의 품질도 형편없었으나 크기가 작아 누구나 들고 다니며 게임을 할 수 있어 폭발적 선풍을 일으켰다. 일본에서 총 1287만 대, 해외에서 총 3053만 대가 팔리며 닌텐도사는 떼돈을 벌었고, 이는 향후 닌텐도사가 세계적인 게임 전문업체로 발돋움하는 중요한 기반이 되었다.

이렇게 해서 닌텐도사는 비디오게임을 본업으로 한 사업을 본격적으로 시작했다. 이때 또 한 사람의 에이스가 등장하는

닌텐도 최초의 휴대용 게임기 게임앤드워치, 1980년 발매

데, 그가 디자이너이자 게임 개발자인 미야모토 시게루(宮本茂)다. 그가 개발한 게임 소프트웨어가 1985년에 출시된 액션게임 '슈퍼마리오 브라더스'다. 대마왕에게 잡혀간 공주를 구하는 배관공 마리오의 모험은 전 세계 어린이들의 마음을 사로잡았고, 출시 이후 4000만 장의 판매량을 기록하는 등 닌텐도사를 대표하는 최고의 인기 게임이 되었다.

세계적 게임 기업 닌텐도를 만들어낸 야마우치 히로시는 CEO 자리를 물러나면서 자식이 아닌 전문 경영인 이와타 사토루(岩田聡)에게 넘겨주었다. 그것은 "게임 산업은 잘 아는 사람이 해야 한다"는 그의 경영 철학과도 연결되어 있다. 그래서 게임 개발자들이 제대로 연구할 수 있도록 사내 환경을 마련해주었고, 그 결과 '울트라핸드', '게임앤드워치', '패미콤', '게임보이', '닌텐도DS', '슈퍼마리오', '포켓몬스터', '젤다의 전설' 등 수많은 게임기와 소프트웨어가 탄생할 수 있었다.

참고 자료

「닌텐도 사장이 된 망나니 도련님, 야마우치 히로시」(문의식 글, 《게임어바웃》, 2019. 07.08) / 「닌텐도 신화 만든 야마우치 히로시」(《매일경제》, 2010.05.07) / 「닌텐도의 위대한 독불장군, 야마우치 히로시」(김영우 글, 《IT동아》, 2018.01.29) / 「진짜 많이 샀다.… 닌텐도 '동물의 숲' 국내 판매 30% 증가」(김성민 글, 《조선일보》, 2020.06.12) / 닌텐도, 네이버 기관단체사전 / 「닌텐도 스위치, 33년 만에 日 콘솔 게임 차트 점령했다」(《아주경제》, 2021.08.16) / 「'닌텐도 동물의 숲 에디션' 품귀 현상, Sold Out 이어갔던 상품들은 무엇이 있었나?」(《문화뉴스》, 2020.04.06)

ECONOMY

2

색다른
경영의
비결

스타벅스의 사이렌오더 개발자는 한국인?

스타벅스는 커피 전문점으로 세계뿐 아니라 우리나라에서도 매장 수, 매출, 브랜드 평판에서 명실공히 1위를 차지한다. 경영 비결은 디지털 혁신과 고객 중심주의에 있다. 고객의 다양한 의견을 수렴하여 새로운 제도를 도입하거나 개발해서 고객의 편리성을 강화한 것이다. 고객의 결제 편리를 위해 디지털 강국 한국에서 개발된 서비스가 바로 사이렌오더다. 커피를 좋아하고 디지털이 발달한 한국인 특성에 맞춘 사이렌 오더, 이로 인해 스타벅스는 커피 전문점 1위의 고지를 지켜낼 수 있었다.

커피는 6~7세기경 에티오피아에서 목동에 의해 우연히 발견되었다. 목동이 먹어보니 기분이 좋아지고 머리가 가벼워지는 느낌을 받게 되자, 이 신비한 열매를 이웃들에게 알리면서 퍼져나갔다. 커피는 아라비아를 거쳐 유럽, 아시아 그리고 우리나라에까지 전파된다. 그럼 우리나라에서 커피는 언제부터 마시기 시작했을까? 1896년 아관파천 시기 고종 황제가 러시아 공사관에 머무를 때 처음 커피를 접했다고 전해진다. 고종의 커피 사랑은 유명하다. 늘 혼자 커피 마시기를 즐겼으며 당시 식사 시중을 들던 독일인 손탁에게 땅을 주어 호텔을 짓게 하고 그곳에 다방을 열어 커피를 팔도록 했다. 일제강점기에는 명동을 중심으로 다방이 생겨나 일반인들도 커피를 마실 수 있었다. 그런데 커피를 마시기 시작한 지 고작 120여 년이 지난 2020년 우리나라 1인당 커피 소비량은 세계 3위를 기록한다. 디지털 못지않게 커피 강국임을 알려주는 지표다.

스타벅스는 어떻게 시작되었는지 잠깐 짚고 가자. 스타벅스는 1971년 대학 동창이자 커피를 좋아하는 제리 볼드윈(Jerry Baldwin), 지브 시글(Zev Siegl), 고든 보커(Gordon Bowker)가 함께 미국 시애틀에 연 작은 아라비카 원두 가게에서 시작되었다. 이들은 소설 『모비 딕』을 좋아하여 등장인물인 일등항해사 '스타벅'의 이름을 따서 가게 이름을 지었다. 스타벅도 이들처

시애틀에 위치한 스타벅스 1호점

럼 커피를 좋아한다. 이들은 로고로 그리스신화의 바다요정 '세이렌(Siren)'을 선택했다. 세이렌이 노래로 선원들을 유혹하듯 많은 고객을 유혹하겠다는 포부를 담은 것이다. 이때의 로고는 다소 조잡해 보이지만 여러 번 변화를 겪고 지금의 형태가 되었다. 당시의 스타벅스는 커피원두만 판매했지, 커피를 판매하는 커피점은 아니었다. 나중에 커피점을 운영한 하워드 슐츠(Howard Schultz)가 스타벅스를 인수하여 오늘날 커피 전문점 스타벅스로 재탄생시켰다.

스타벅스의 경영 전략 중 하나인 사이렌오더. 일종의 언택트 마케팅으로 첨단 기술을 사용해 비대면으로 상품을 결제하고 서비스를 제공하는 방식이다. 키오스크나 챗봇 등도 언택트 마케팅의 하나다. 이러한 방식은 물건을 사거나 호텔을 예약할 때 이용되고 있다.

사이렌오더 개발자는 스타벅스 코리아 직원 오세찬이다. 원래는 스타벅스 바리스타로 일하다가 소셜미디어 부서로 이동한 후 오랫동안 블로그, 페이스북, 인스타그램, 트위터 등 소셜 마케팅 일을 맡아왔다. 그러다가 조직이 개편되면서 스타벅스 애플리케이션(앱) 및 사이렌오더 기획 담당자로 발탁되어 프로젝트 매니저(PM)가 된 것이다. 오세찬이 PM으로 발탁된 이유는 바리스타로 오랫동안 일한 현장 경험 때문이라고 한다. 스타벅스는 스마트폰을 이용한 선주문 방식을 도입하고자 했다. 좀 더 효율적인 판매 방식을 찾아보고자 한 것이다. 그래서 사이렌오더를 기획했던 것인데, 처음 명칭은 사이렌오더가 아니라 스마트오더였다. 오세찬의 상사가 그에게 매출을 올려 사이렌을 울려달라고 당부한 데서 힌트를 얻어 사이렌오더로 바꾼 것이다.

오세찬이 사이렌오더 앱을 개발하게 된 경위는 긴 주문 과정 때문이었다. 그는 주문할 때 직원과의 대화가 많아 주문 시간이 더 지체된다는 것을 알게 되었다. 예를 들면 '사이즈는 뭘로 하시겠어요? 옵션 추가하시겠어요? 제휴카드 있으세요? 기프티콘 사용하시나요?' 등등. 주문 결제 과정을 줄여주기 위한 노력이 바로 사이렌오더다.

스타벅스에서의 쾌적하고 편리한 오프라인 경험을 고객들이 디지털로도 느낄 수 있게 하자는 취지에서 출발해, 불필요한 주문-결제-대기 과정을 줄임으로써 고객 경험을 긍정적으로 확대시킨 것이 사이렌오더인 셈이다.

사이렌오더는 2014년 5월 스타벅스 앱을 통해 주문과 결제가 가능한 O2O(Online to Offline: 온라인과 오프라인을 결합한 방식) 서비스로 출시했다. 매장 방문 전에 미리 주문 결제를 한 후 시간에 맞춰 가면 신청한 음료가 나온다. 이 서비스로 인해 점심 시간 등 혼잡한 시간대에 대기 시간이 줄어들었다. 사이렌오더 사용을 보면 아침 출근 시간대인 오전 8~9시가 26퍼센트, 점심 시간대인 12~13시가 16퍼센트를 차지하며 가장 많다. 이로써 혼잡한 시간대의 대기 시간을 줄이고 주문과 결제를 간편하게 할 수 있도록 개발된 사이렌오더의 효과가 크다는 것을 알 수 있다.

사이렌오더는 시간이 지날수록 비중이 높아졌다. 2014년 5월 론칭된 이후 2019년 9월까지 사이렌오더 누적 건수가 1억 건을 돌파했지만, 이후 2021년 4월까지 사이렌오더 누적 건수가 2억 건을 돌파하면서 1년 8개월 만에 두 배를 기록한다. 주로 20~40대 젊은 세대들이 사이렌오더의 고객으로 코로나19로 인한 비대면 주문이 호응을 얻으면서 가파른 증가 추세가 나타난 것이다.

스타벅스 코리아가 한국 매장에 사이렌오더를 선보인 지 얼마 안 되었을 때, 스타벅스 창업자 하워드 슐츠가 스타벅스 코리아 대표에게 직접 이메일을 보냈다. 메일에는 단 한 단어만 적혀 있었다. 'Fantastic(환상적이다)!' 어쩌면 사이렌오더가 현대인들의 마음을 정확하게 읽어낸 것은 아니었을까? 고객을 위한 편리한 경영 전략이 제대로 적중했다고 볼 수 있다. 이후 스타벅스 본사에서는 2015년 12월 미국 오레곤주 포틀랜드 매장에서 '모바일 오더 & 페이(Mobile Order & Pay)'라는 앱 기반 시스템을 처음 도입한 이후 2018년 3월 말 모든 고객에게 오픈했다. 이제 한국의 사이렌오더는 전 세계 스타벅스에서 벤치마킹하면서 유럽과 아시아 주요 국가에서도 도입하여 널리 사용되고 있다.

사이렌오더는 매장을 직접 방문할 때 보다 간편하게 음료를 주문할 수 있는 모바일 앱 서비스다. 주문 메뉴가 준비되는 진행 과정을 실시간으로 확인하고 음료가 완료되면 '콜 마이 네임'과 연동해 등록한 이름을 바리스타가 호명해 주는 진동 벨

기능까지 갖추었다. 한 번의 개발로 끝나는 것이 아니라 고객의 의견 수렴을 통해 계속 업그레이드하면서 진화를 거듭하고 있다. 고객 중심이란 스타벅스의 경영 이념이 디지털 혁신과 접목되면서 최상의 고객 서비스로 재탄생된 사이렌오더. 최상의 고객 서비스가 성공의 경영 비결이 된 사례다.

참고 자료

「세계 표준된 스벅 사이렌오더… "혁신보다 고객에 집중"」(《조선비즈》, 2019.02.03) / 「줄 서지 않고 마시는 '사이렌오더'」(《조선비즈》, 2018.12.21) / 「류미님의 '스타벅스 사이렌오 더' 기획 이야기」(《일상이 리뷰가 되는 삶》, 2019.07.11) / 「스타벅스 사이렌오더, 사이렌 울리며 질주하는 사이렌오더?」(《MBN》, 2018.08.05) / 「'사이렌오더'로 대박 친 한국 스타 벅스… '디지털 혁신' 속도 더 낸다」(《매거진 한경》, 2018.07.30) / 「주문 2억 건… 출근길 필수 앱 '스타벅스 사이렌오더' 뭐길래」(《매일경제》, 2021.05.03) / 「스타벅스 '사이렌오 더'가 처음 탄생한 곳은 디지털 강국, 대한민국」(EBR 비하인드스토리, 2020.11.06)

플랫폼 전략 실패 후 일군
레고의 부활 신화

   도시(City), 우주(Space), 해적(Pirates), 레이서(Racers), 스포츠(Sports), 듀플로(Duplo), 크리에이터(Creator)는 레고의 대표적 테마들이다. 어린 시절 한 번쯤 만들어봤거나 들어본 테마도 있을 것이다. 레고는 블록 조립을 통해 형태를 만들어가는 장난감으로 제품 이름이자 회사 이름이기도 하다. 이런 레고 테마는 매해 다른 주제로 출시되곤 한다. 레고의 인기는 20세기 후반 절정을 이루다가 서서히 식기 시작해 2000년대 들어와 위기설이 돌았고, 파산 직전까지 가게 되었지만 경영진들이 생존 전략을 편 끝에 재기에 성공한다. 어린이들의 꿈을 담아내는 레고가 어찌해서 파산 위기까지 갔다가 부활의 신화를 쓰게 된 것일까? 그리고 재기할 수 있었던 경영 비결은 무엇일까? 레고의 성장과 몰락, 그리고 부활 과정을 알아보자.

기업이란 존재도 나라의 운명과 비슷하다. 흥망성쇠를 여러 번 겪다가 아예 역사 속으로 사라지거나 끈질기게 살아남기도 한다. 세상 변화의 코드를 잘못 맞추면 멸망을 맞이할 수 있지만 제대로 그 변화를 읽어내고 쇄신한다면 재기할 수 있다. 그 사례를 레고에서 찾아본다.

덴마크 빌룬트(Billund)에서 목수일을 하던 올레 키르크 크리스티안센(Ole Kirk Kristiansen, 1891~1958)이 1932년 레고를 창업했다. 본사가 있는 빌룬트는 원래 작은 마을이었으나 레고의 성장으로 국제공항까지 생겨나는 등 큰 도시가 되었다. 레고(lego)의 이름과 관련한 비화가 있다. 덴마크어로 '잘 논다'는 말 레그 고트(Leg Godt)에서 왔는데, 이 단어의 첫 두 글자를 따서 만들었다. 원래 창업자인 크리스티안센은 레고란 이름을 좋아하지 않았다고 한다. 그래서 마을 주민들과 직원들에게 상품을 걸고 새로운 이름을 모집했으나 괜찮은 게 없어 그냥 레고를 사용한 것이다. 하지만 아이러니하게도 레고는 라틴어로 '조립한다'라는 의미가 있다. 물론 창업자는 이런 사실을 모르고 세상을 떠났지만, 레고는 최상의 브랜드 이름이었던 셈이다.

레고는 창립 초기에 나무로 만든 완제품 장난감을 생산했다. 1940년대에 플라스틱이 발명되어 1947년부터 플라스틱 장난감을 제작했고, 1949년에는 조립식 장난감인 플라스틱 블록 레고를 생산했다. 하지만 이것은 고객들이 찾지 않아 판매가 저조했다. 1958년 강도 높은 플라스틱 재료를 채택해 오늘날과 같은 플라스틱 블록 레고를 출시한다. 그 후 레고 트레인, 듀플로 등을 출시하여 히트를 치기 시작하면서 레고의 매출은 1990년대까지 꾸준히 상승세를 탔다.

게다가 1984년 한국에도 레고 코리아가 설립되고 경기도 이천에 공장까지 세웠다. 한국을 기점으로 아시아 공략에 나선 것이다. 레고는 이 시기 한창 세계적 기업으로 성장하고 있었다. 레고 코리아와 관련해서 한 가지 비화가 있다. 한국의 한 젊은 직원에 대한 이야기다. 젊은 신입사원은 방금 만들어진 레고의 불량품을 골라내는 일을 했다. 이 직원은 레고에 흠뻑 빠져들면서 하면 안 되는 일을 한다. 처음에는 버려지는 레고를 가져갔는데, 점차 레고로 작품을 만들면서 조금씩 필요한 레고를 몰래 빼낸 것이다. 그러고는 공장 한구석에서 작품들을 만들다가, 그만 발각되고 말았다. 사표를 쓰던 날, 직원의 작품이 사장에게 전달되면서 상황이 바뀐다. 사장이 직원의 작품을 보고 바로 덴마크 본사로 보낸 것이다. 본사에서는 대단한 작품이라는 평을 내리고 한국에 디자인실을 마련하고 그 직원을 책임자로 삼도록 했다. 이렇게 해서 본사 외에 유일한 디자인실이 한국에 생겨났다.

하지만 2001년 이 디자인실은 폐쇄된다. 1990년대 말부터 레고는 위기 상황이었다. 당시 인터넷과 비디오게임 등이 성장하면서 1998년 레고는 창업 이후 처음 적자를 보았고, 이후 지속적으로 적자에 허덕이다가 2004년에는 약 2600억 원의 영업 손실을 내며 파산 위기에 처해진다.

2004년 당시 입사 3년 정도 된 전략개발책임자인 예르겐 비 크누스토르프(Jøergen Vig Knudstorp)가 회사 재정 상태를 진단하는 임무를 맡았다. 그는 지금의 위기 상황이 수익성 없는 혁신 사업 때문이라고 보았다. 레고는 1990년대 들어 블록 놀이가 외면받자 다양한 혁신 사업을 꾀해왔다. 컴퓨터게임과 레고 무비메이커, 레고 에듀케이션, 레고 아동복, 여아용 레고 인형, 레고랜드 등등. 이런 새로운 사업들이 대부분 상당한 적자를 내고 있었다. 그의 진단은 신랄하고 단호했다. 지금 타개책을 마련하지 않으면 레고사는 무너지고 만다고 본 것이다.

레고그룹 CEO이던 창업자의 손자 키엘 키르크 크리스티안센(Kjeld Kirk Kristiansen)은 크누스토르프를 2004년 새로운

CEO로 깜짝 발탁한다. 크누스토르프는 본격적으로 레고의 위기 탈출 작전을 시작했다. 그는 '레고는 무엇을 위해 존재하는가?'라는 질문에서 답을 찾고자 했다. 레고 브랜드의 핵심 가치인 조립식 장난감에 집중해야 한다는 것이 그의 전략이었다. 그래서 레고의 주요 고객인 어린이들을 위한 장난감을 주력 상품으로 하되 성인들에게까지 영역을 확장하는 등 '재밌게 즐길 수 있는 장난감'을 팔기 위해 여러 혁신을 단행한다.

무리하게 벌였던 레고랜드와 컴퓨터게임 사업 비중을 축소하고, 비용 절감을 위해 1만 4,200개의 블록 중 중복되거나 이익이 나지 않는 제품들은 생산을 중단했다. 대신 어린이들을 위한 유아용 장난감 듀플로 시리즈와 레고 시티의 경찰관, 소

레고 테크닉 시리즈의 트랙터

방관 등의 기본 캐릭터들은 되살렸다. 또한 성인들을 위한 '테크닉', '아키텍처' 시리즈도 내놓았다. 그리고 8,000명의 직원 중 3,500명을 구조 조정하고 스위스와 미국의 공장을 폐쇄해 경영상의 효율도 꾀했다.

새로운 제품 출시에도 노력을 기울였다. 장난감에 스토리를 입힌 다양한 제품들을 만들었는데 2011년 일본의 닌자를 소재로 한 닌자고를 출시했고, 2012년에는 영화 〈반지의 제왕〉을 배경으로 한 레고 시리즈도 출시했다.

이런 노력은 판매 시장에서 효과적으로 작용했다. 2007년 부터 2016년까지 레고의 매출은 4배 이상, 영업 이익은 8배 이상 상승한다. 직원 수도 2007년 4,199명에서 2017년에는 1만 6,480명으로 4배가량 증가했다. 크누스토르프가 단행한 창립 정신을 되살린 혁신 의지가 경영의 비결이었던 셈이다.

참고 자료

『레고: 어떻게 무너진 블록을 다시 쌓았나』(데이비드 로버트슨·빌 브린 지음, 해냄) / 「역 사상 가장 인기 있는 장난감 '레고' 브릭 6개로 9억 가지 조합… 상상력의 보고」(《매일경 제》, 2017.04.24) / 「레고의 부진 이유는? 플랫폼 전략의 실패」(《우먼타임스》, 2017.09.07) / 「'블록왕국' 레고, 영화·게임 스토리 입고 화려한 부활」(《서울신문》, 2015.10.13) / 「레고 의 화려한 부활」(《서울경제》, 2014.02.16) / 레고, 네이버캐스트(장난감백과)

디즈니대학에서는
환경미화원도 배우가 된다?

만화와 영화의 세계를 구현해놓은 디즈니랜드가 성공할 수
밖에 없었던 경영 비결이 있다. 바로 디즈니대학이다. 만화 캐
릭터 인형들이 돌아다니고, 만화 영화 배경 음악이 흘러나오
는 곳, 마치 해리포터에 나오는 마법학교 같은 곳, 정말 마법
대학에서 마술이라도 가르치는 것일까? 그러면 디즈니대학
강의실에 모인 학생들은 누굴까? 디즈니랜드를 성공시킨 비
결이 담긴 곳, 디즈니대학이 어떤 곳인지 마법의 현장으로 가
보자.

디즈니랜드는 사람들의 꿈과 희망을 담은 놀이공원으로,

디즈니랜드의 잠자는 숲속의 공주 성(2019)

세계 최대의 엔터테인먼트 그룹인 디즈니사(The Walt Disney
Company)에서 만들었다. 디즈니사를 창립한 사람은 월트 디즈
니(Walter Elias Disney, 1901~1966)로 만화 천재이자 사업가다. 창
립 초기에는 만화 영화를 만들었으며, 만화 캐릭터 미키마우
스가 히트를 치면서 성공의 길을 걸었다. 디즈니사는 일일이
나열할 수 없을 만큼 수많은 히트작을 냈다. 〈백설공주와 일
곱난쟁이〉〈피터팬〉〈이상한 나라의 앨리스〉를 비롯해서 그래
픽 영화로 〈니모를 찾아서〉〈알라딘〉〈겨울왕국〉 등 만화 영화
와 〈나니아 연대기〉〈내셔널 트레져〉〈캐리비안의 해적〉도 디

즈니사에서 제작한 영화들이다. 이런 만화 영화나 영화의 주
인공들을 한번에 만날 수 있는 곳이 디즈니랜드다.

월트 디즈니는 디즈니만의 환상을 담은 테마파크를 구상하
여 어린이뿐 아니라 어른들까지도 동화의 세계를 누릴 수 있
도록 했다. 1955년 미국 캘리포니아에 첫 디즈니랜드가 문을
열었다. 개장 첫해 방문객이 100만이었으나 다음 해는 400만
으로 늘었고, 계속 증가하여 2009년에는 1500만 명에 이르렀
다. 디즈니랜드는 미국뿐 아니라 파리, 홍콩, 도쿄 등 전 세계
11곳에 건설되었다.

디즈니랜드는 영화나 텔레비전에서 보았던 친근한 캐릭터
들이 총출동하여 공연을 보여준다. 인어공주와 백설공주, 미
키마우스와 미니마우스, 도널드, 구피 등이 돌아다니며 함께
사진도 찍는다. 이들 외에도 놀이기구 관리자나 운영요원, 환
경미화원 등 수많은 사람이 디즈니랜드를 만들고 있다. 디즈
니대학은 바로 이들만 다닐 수 있는 학교다.

디즈니대학은 1963년 인사교육 담당자인 밴 프랜스(Van
Arsdale France, 1912~1999)가 설립한 사내 교육 기관이다. 프랜
스는 디즈니랜드를 직접 돌아다니며 직원들을 만나보고 기존
의 오리엔테이션과 교육 방식이 형식적이고 학구적이어서 직
원들에게 별 도움을 주지 못한다고 생각했다. 그래서 디즈니

디즈니랜드 퍼레이드의 한 장면. 미니마우스, 도널드 등의 캐릭터가 보인다.

대학을 설립하여 직원 교육 프로그램을 혁신적으로 바꾸고자
했다.

프랜스는 "디즈니랜드를 찾아오는 모든 손님을 위해 우리
는 무대 위에서 최고의 '쇼'를 선보여야 합니다", "이제 여러
분도 이 쇼의 일부입니다. 바로 그런 이유 때문에 우리는 서로
를 '직원'이라고 부르지 않고 '배우(Cast Member)'라고 부릅니
다"라고 말한다. 이는 디즈니 캐릭터로 분장한 직원 외에도 놀
이기구 진행요원, 주차요원, 레스토랑 직원, 정비나 시설 관리
직원, 미화 담당 직원 모두 근무 중 관람객에게 노출되어 있으
므로 '쇼의 일부'여야 한다는 것이다. 직원이라는 단어도 쓰지
않고 '캐스트 멤버', '호스트/호스티스'로 불렀고, 방문자라는

용어 대신 '고객' 혹은 '손님'으로 불렀다. 무대의 배우는 고객을 위해 최선의 연기를 해야 한다는 점을 강조한 것이다.

디즈니 직원이라면 정규직이든 파트타임 직원이든 임원이든 입사 후 디즈니대학에서 반드시 6개월 정도 교육을 받아야 한다. 임원도 디즈니 캐릭터 털가죽 의상을 입고 디즈니랜드를 돌아다니며 고객을 맞이해야 한다. 고위 간부라도 일선 업무의 현실을 알아야 한다는 필요에서 만들어진 교육 방침이다. 또한 프랜스는 "우리는 쇼에 출연하는 배우다", "우리는 행복을 만든다"를 반복적으로 말하면서 유쾌하고 유머러스한 교육 분위기를 이끌었다.

하지만 1970년대 들어 디즈니랜드 직원들에게 슬럼프가 왔다. 플로리다에 초대형 디즈니월드가 개장되어 엄청난 인파가 몰려들면서 직원들의 업무량도 늘어났기 때문이다. 점차 일에 지친 직원들이 하나둘 떠났는데, 1973년에는 이직률이 83퍼센트까지 치솟았다. 이에 밴 프랜스는 직원이 행복해야 즐거운 쇼가 나올 수 있다는 것을 깨달으면서 직원을 위한 복지 사업을 늘린다. 직원 자녀를 위한 어린이집 설립, 직원 전용 주유소 건설, 사내 소식지 서비스, 직원의 생일축하편지 선사 등이 그 일환이다. 또한 직원들의 레크리에이션을 위한 특별 수업도 개설했다. 프랜스는 행복한 직원이 행복한 쇼를 만든다는 새로운 기업 정신을 세운다. 이렇게 노력을 기울이자 이후 직원들의 이직률이 60퍼센트나 감소했다.

디즈니대학 덕분에 디즈니랜드에서는 평범한 직원들도 감동을 연출하는 '배우'로 거듭난다. 디즈니사의 직원들은 디즈니랜드를 방문하는 사람에게 '가장 행복한 시간'을 제공하는 배우 역할을 수행해야 하기 때문이다. 이것이 바로 경쟁력을 지닌 '고객 서비스'다. 디즈니랜드의 고객 서비스와 관련된 일화가 있다.

디즈니랜드의 한 환경미화원이 청소하는 중에 아이 울음소리를 들었다. 소리가 나는 곳을 보니 팝콘 상자를 든 아이 주변으로 팝콘이 떨어져 있었으며, 아빠가 아이를 꾸짖고 있었다. 환경미화원은 그 아이에게 가서 무릎을 꿇고 "팝콘이 쏟아져 정말 슬프겠구나. 미키마우스가 그러는데, 팝콘을 떨어뜨려 네가 많이 슬퍼하고 있으니 자기가 더 많은 팝콘을 선물로 주고 싶대. 저기 떨어진 것보다 훨씬 더 큰 새 팝콘을 선물해주고 싶다는구나"라고 말했다. 이어 말하기를 "뒤를 보렴. 누가 있는지"라고 해서 아이가 뒤를 보니 정말 마법처럼 미키마우스가 큰 팝콘을 들고 서 있었다. 물론 아이를 위한 연출에 불과하지만, 아이에게는 평생 잊지 못할 감동적 경험으로 디즈니랜드를 기분 좋게 기억할 것이다.

디즈니대학에서 가장 많이 하는 강의가 사람에 대한 것으로, 전공이 사람이라고 해도 과언이 아닐 정도라고 한다. 기초 심리학, 커뮤니케이션 방법론, 호감을 사는 방법 등 인간관계에 대한 이론을 학습한다는 것이다. 고객 서비스를 기반으로 한 인간 공부, 이것이 디즈니대학이 성공할 수 있었던 원동력은 아닐까. 또한 디즈니 그룹이 오랫동안 성공을 누릴 수 있는 이유는 만화 캐릭터나 영화, 음악만이 아니라 세상에서 가장 행복한 곳을 만들기 위한 직원들의 노력 때문이다. 디즈니대학이 디즈니 그룹의 성공을 이끈 원동력이자 경영 비결인 셈이다.

참고 자료

『디즈니 웨이』(빌 캐포더글리 외 지음, 현대지성) / 『디즈니 유니버시티』(더그 립 지음, 한빛비즈) / 「디즈니에선 환경 미화원도 배우… 모든 직원이 매 순간 '쇼'를 하죠」(《조선빔》, 2015.02.28) / 디즈니랜드, 두산백과

얼음을 팔던 세븐일레븐이
세계 최초의 편의점이 된 비결

한국에서도 이제는 구멍가게가 사라지고 편의점들이 그 자리를 대신하고 있다. 편의점의 선두주자이자 대표적 브랜드는 세븐일레븐이다. 7과 11의 조합, 세븐일레븐에서는 7월 11일을 '세븐일레븐 데이'로 정해 다양한 이벤트를 한다. 세븐일레븐은 일본 여행을 할 때면 몇 블록마다 보일 정도로 자주 마주치곤 한다. 이는 세븐일레븐이 전 세계에 매장이 있지만, 일본에 가장 많은 매장이 있기 때문이다. 미국은 9,000개, 태국은 1만 개, 한국은 9,000개 이상인 데 비해 일본에는 2만 개나 있다. 그래서 세븐일레븐이 일본에서 시작된 회사라고 알고 있는 사람들이 많다. 일본 회사가 인수해 이제는 일본 회사인 것은 맞지만, 시작은 미국이다. 세븐일레븐은 2020년 기준 전 세계에 7만 1,000개 이상의 매장이 있는데, 어떻게 해서 세계적인 기업으로 성장할 수 있었는지 그 경영 비결을 알아보자.

　세븐일레븐은 1927년 미국 텍사스주 댈러스에 있는 얼음을 만들어 파는 사우스랜드 아이스 회사(Southland Ice Company)에서 시작되었다. 당시는 전기냉장고가 없던 시대로 가정에서 아이스박스에 얼음을 넣어 냉장고처럼 사용했다. 시간이 흐르면 얼음이 녹아서 교체해야 하므로 동네 사람들이 사우스랜드

도쿄에 위치한 일본의 첫 세븐일레븐 편의점

아이스 회사에 요청하면 얼음을 배송해주었다. 이때 공장 직원이 사장 조 톰슨(Joe C. Thompson)에게 시원한 공장 환경을 이용해 우유·빵·달걀 등 식료품을 얼음과 함께 팔면 좋겠다는 아이디어를 낸다. 그는 가게 앞에서 줄을 서가며 기다렸다가 식료품을 사가는 사람들을 보면서 얼음과 함께 배송하면 좋겠다는 생각을 한 것이다. 사장 톰슨의 허락하에 얼음 공장에서는 여러 생필품을 팔게 되었는데, 이것이 편의점의 시작이었다. 생필품 판매는 생각보다 큰 성공을 거두며 주민들의 인기를 끌었다. 그래서 오랫동안 얼음 판매와 함께 생필품 가게도 함께 운영해 나갈 수 있었다. 1928년 한 직원이 사람들의 관심을 끌기 위해 알래스카 토템 기념품을 매장 앞에 놓아보자는 제안을 한다. 톰슨은 이를 받아들여 각 지점에 이 토템 기념품을 설치했는데, 이것이 큰 인기를 끌어 가게가 유명해지자 상호를 '토템 스토어즈(Tote'm Stores)'로 바꾸기도 했다.

직원의 제안으로 시작된 편의점이었으나 사장 톰슨은 생필품 판매 시작부터 다른 상점과 차별성을 두기 위해 여러 노력을 기울였다. 직원들에게 유니폼을 입게 하고 고객 서비스에 대한 교육도 실시하며 얼음과 함께 배달하는 생필품 배달 서비스에도 주력했다. 그래서 식료품과 통조림, 맥주 등의 매출이 크게 증가했다. 또한 다른 상점들이 일찍 문을 닫는 데 비해 아침 7시부터 밤 11시까지 긴 운영 시간을 철저히 지킨 것도 매출 증가에 큰 몫을 차지했다. 퇴근 후 필요한 생필품을 살 수 있어 직장인들에게 아주 유효했던 것이다. 그래서 1946년에는 상점 이름을 운영시간을 따서 세븐일레븐(7-Eleven)으로 변경했다.

세븐일레븐은 고객들의 편의에 맞춘 시간대를 적용했고, 이 것을 앞세우기 위해 가게 이름에까지 반영한 것이다. 이로써 세븐일레븐의 경영 원칙이 고객 편의 중심임을 알 수 있다. 이후 세븐일레븐은 제품의 가짓수를 늘리면서 '편의점'에 걸맞는 홍보에 주력한다. 매장 면적을 2배 가까이 늘리고, 가족 중심의 편의 상점임을 강조하는 광고를 내보내기도 했다. 이에 호응을 얻어 1950년대 후반부터는 댈러스 외 다른 지역으로까지 매장이 확장되었다.

1960년대에는 또 한 차례 새로운 변화가 일어났다. 한 번 더 고객 중심의 경영 방침을 작동시키는데, 바로 24시간 운영 체제다. 1962년 텍사스주 오스틴의 한 점포에서 24시간 영업을 시험 운영한 것이 시작이었다. 어느 날 텍사스대학에서 벌어진 풋볼 경기가 밤늦게 끝났는데 주변 가게들은 모두 문을 닫았고 세븐일레븐만 열려 있자, 경기장에서 나온 사람들이 몰려든 것이다. 오스틴 매장의 매니저는 하는 수 없이 그날만

새벽까지 영업하기로 했다. 하지만 이를 통해 지역 특성을 고려해서 고객들에게 필요하다면 24시간 영업도 가능하다는 것을 확인했다. 그래서 오스틴 매장에서는 주말마다 24시간 운영을 했고, 이는 주고객이던 학생들에게 폭발적인 인기를 끌었다. 이후 1963년에는 라스베이거스, 포트워스, 댈러스 등에서 연중무휴 24시간 운영 체제를 도입하게 된다.

1964년 세븐일레븐에 또 한 번 변화의 바람이 분다. 새로운 영업방식을 도입하는데, 현재와 같은 프랜차이즈 체인이 시작된 것이다. 이전에는 본사에서 각 매장의 매니저를 고용해 월급을 주는 체제였지만, 이제는 가맹점을 모집하여 상표, 상호, 경영 노하우를 제공하고 가맹점 주인은 본사에 가맹비와 로열티를 내는 방식으로 전환했다. 이후 빠르게 매장이 확산되었고, 해외 진출도 시작되어 캐나다, 멕시코, 영국, 일본에도 세븐일레븐 매장이 생겨났다. 세븐일레븐이 가장 많이 성장한 곳은 일본이다. 1991년 세븐일레븐재팬을 운영하던 일본 유통업체가 모회사인 미국 사우스랜드회사를 인수하면서 세븐일레븐은 일본 회사가 되었다.

비록 일본 회사로 넘어갔지만 고객 중심 서비스의 창업 정신은 계속되고 있다. 세븐일레븐이 끊임없이 변화하며 새로운 서비스를 창출해 낼 수 있었던 것은 단순한 고객 눈높이 맞춤

이 아닌 스스로 고객이 되어 필요성을 찾아냈다는 점에 있다. 그래서 편의점 최초로 24시간 운영 체제를 갖추고, 세계 최초로 테이크아웃 커피를 팔고, ATM 기기를 처음 설치하는 등 생활 밀착형 서비스들을 늘려갈 수 있었다. 이것이야말로 세븐일레븐이 세계 기업으로 성장하고 오래 살아남을 수 있었던 경영 비결이다.

▟ 참고 자료 ▎

『세븐일레븐의 상식파괴 경영학』(가쓰미 아키라 지음, 더난출판사) / 세븐일레븐, 두산백과 / 세븐일레븐, 위키백과 / 「세계 최초의 편의점 세븐일레븐」(김홍길의 경제이야기, 《경남일보》, 2019.02.24)

저가 항공사가 살아남는 비결, 사우스웨스트의 유머 경영

"기내에서는 금연입니다. 비행기 안과 비행기 화장실 안에서 흡연을 금합니다. 하지만 흡연을 원하시는 고객은 비행기 날개 위에 마련된 스카이라운지를 이용하십시오. 그곳에서는 〈바람과 함께 사라지다〉가 상영되고 있습니다." 이것은 사우스웨스트 항공의 기내 금연 경고문으로, 사우스웨스트 항공을 이용한다면 이런 유머러스한 문구를 자주 접할 것이다. 이유는 회사의 경영 원칙이기도 한 유머 경영, 펀(FUN) 경영 때문이다. 이런 경영 전략으로 사우스웨스트는 대형 항공사로 성장할 수 있었다. 펀 경영은 F(Fun, 재미), U(Unique, 독특),

N(Nurturing, 보살핌)의 조합으로 재밌는 직장 분위기를 조성하는 경영 전략이다. 사우스웨스트 항공사의 경영 비결인 유머 경영 또는 펀 경영은 어떻게 추진되었는지 그 과정을 살펴보자.

사우스웨스트 항공사 성공 중심에는 공동 창립자인 허브 켈러허(Herb Kelleher, 1931~2019)가 있다. 사우스웨스트 항공사는 1967년 조종사 롤린 킹(Rollin W. King, 1931~2014)과 변호사 허브 켈러허가 미국 최초로 세운 저가 항공사다. 하지만 기존 항공사들의 반대로 설립 허가를 받기까지 오랜 시간이 걸렸고, 1971년에 가서야 비행기 운항을 시작할 수 있었다. 비행기는 한 가지 기종인 보잉 737기 3대로 시작했고, 지역은 텍사스주 3개 도시인 댈러스, 휴스턴, 샌안토니오만 운행하여 가격을

사우스웨스트사의 항공기

낮추었다. 기존 비행요금에서 30퍼센트나 저렴해지자 이용객들이 점차 늘어났다.

사우스웨스트 항공사의 성공 비결은 대형 항공사에 맞선 틈새 시장 공략과 유머 경영을 꼽을 수 있다. 저가 운임을 유지하려면 여러 방책이 필요하다. 그래서 한 기종만 사용해 정비 시간과 부품 교체를 최소화하고 비용을 절감해서 정시 도착과 정시 출발을 가능하게 했다. 중단거리만 이용해 저가요금으로 잦은 출장을 가는 사람들을 공략했다. 저가요금을 유지하기 위해서는 비용 절감이 필요하다. 비용 절감 방법을 보면, 기내식을 제공하지 않았고 인터넷을 통해 항공권 발매를 처음으로 실시했다. 여행사를 통해 발권하지 않음으로써 수수료를 절감할 수 있었다. 또한 좌석 등급을 없애고 사전 예약제를 폐지해서 현장 자동발권기만 이용하게 했으며, 좌석 배정을 하지 않아 종이 탑승권도 없애 그만큼 비용을 줄였다.

이런 저가 운임 공략만큼 중요한 경영 비결은 유머 경영이다. 허브 켈러허는 고객 중심주의가 아니라 직원 중심주의 경영을 중시했다. 직원이 행복해야 고객을 행복하게 해줄 수 있다고 본 것이다. 여기에 중요한 요소가 바로 유머 감각이다. 그래서 직원을 뽑을 때 최종 면접시험에서 모든 응시자에게 지난 3개월 동안 했던 농담 중 제일 재미있는 것을 해보라고 한 뒤, 자신을 웃기면 합격시키기도 했다. 물론 웃기지 못하면 불합격되는 사례도 있었다. 켈러허는 유머 감각이 있는 사람이 능력이 뛰어나고 창의적인 방법으로 고객 서비스를 제공한다고 생각했던 것이다.

켈러허의 유머 경영과 관련하여 여러 일화가 전해진다. 회사 로고를 둘러싸고 경쟁사와 분쟁이 생겼을 때 켈러허가 갑자기 경쟁사 CEO에게 팔씨름으로 승부를 겨루자고 제안했다. 한바탕 폭소가 터진 후 진짜 팔씨름이 벌어졌고 켈러허는 졌지만, 공동 로고 사용권을 따낼 수 있었다. 유머 감각이 좋은 효과를 발휘한 것이다. 그래서 그는 1990년대 초 유머도 함께 팔겠다는 경영 방침을 내세우기도 했다.

사우스웨스트 항공을 이용하면 비행기에서 내릴 때까지 승객들은 계속 웃게 된다. 비행기 이륙 직전 기내 승무원들이 비상시 행동요령을 알려주는 것부터 웃음을 자아낸다. "어떤 노랫말에 따르면 애인과 헤어지는 방법이 50가지가 있다고 하지만 이 비행기에서 비상탈출하는 방법은 6가지뿐입니다. 비상출구는 앞쪽에 2개, 천장에 2개, 뒤쪽에 또 2개가 있습니다." 또 비행 중에도 승무원들이 갑자기 튀어나오며 노래를 부르거나 기내 안전수칙을 랩송으로 내보내기도 하는 등 다양한 이벤트를 마련하여 승객들에게 즐거움을 선사하기도 한다. 비행기가 착륙할 때쯤이면 피날레 방송이 나온다. "우리 항공사의 첫 번째 이름은 사우스이고, 두 번째 이름은 웨스트입니다. 나는 매일 이 비행기에 타는 것을 좋아합니다. 만약 내게 그 이유를 묻는다면 이렇게 대답하겠습니다. 사우스웨스트는 매일매일 나에게 햇빛을 비춰주기 때문이지요." 또는 "우리 사우스웨스트 항공사를 이용해주셔서 감사합니다. 저희는 여러분을 사랑합니다. 그리고 여러분의 돈도 사랑합니다." 이렇게 해서 사우스웨스트 승객들은 "비행기를 타는 게 디즈니랜드에 가는 것보다 더 재미있다"고 말한다. 승무원들이 준비한 재밌는 쇼를 보며 실컷 웃을 수 있는 항공사로 기억된 것이다.

이런 유머 경영 때문일지 모르지만, 사우스웨스트 항공사는 고객의 불만이 제일 적은 항공사로 손꼽힌다. 1988년 미국 교통부가 발표하는 정시 운항률, 수하물 분실, 이용자 불만 3개 부문에서 만족도 전체 1등에 올랐다. 또 2002년에는 미국 경제 잡지 《머니》에서 지난 30년 간(1972~2002) 가장 우수한 주가 상승률을 기록한 미국 기업 30개를 조사해서 발표했는데, 1위가 사우스웨스트 항공사였다(25.99퍼센트). 유머 경영, 펀 경영 때문이었을까? 사우스웨스트 항공사는 1973년부터 2019년까지 46년 동안 한 번도 빠짐없이 흑자를 이룬 기업이 될 수 있었다.

2019년 1월 3일 허브 켈러허가 87세의 나이로 세상을 떠났을 때, 그의 삶과 철학을 기리며 많은 이들이 '친구이자 멘토를 잃었다'며 애도를 표했다. 경제 잡지 《포춘》은 "켈러허는 어쩌면 미국 최고의 CEO였다"고 쓰기도 했다. 그의 유머 경영이 많은 사람으로부터 찬사를 받았다는 것을 알 수 있다.

참고 자료

「값싸고 편리한 사우스웨스트」(《굿매거진 한경》, 2006.09.04) / 「사우스웨스트 항공 회장」(《매일경제》, 2005.05.10) / 「46년 흑자기업의 대부가 남긴 것」(《코리아중앙데일리》, 2019.01.18) / 『사우스웨스트 방식』(조디 호퍼 기텔 지음, 물푸레) / 「허브 켈러허 회장의 인간존중」(《매일경제》, 2019.01.10) / 『너츠』(케빈 프라이버그 외 지음, 동아일보사)

타이레놀 살인 사건과
존슨앤드존슨사의 숨은 이야기

 진통제나 영양제 등을 열려면 이중삼중으로 밀봉된 뚜껑과 마개를 하나씩 돌리거나 벗겨내야 한다. 뚜껑에 둘러 있는 띠를 제거하거나 해서 뚜껑을 열고 나면 다시 밀봉된 종이 마개를 힘껏 잡아당겨야 한다. 그래서 끝이구나 하지만 그 안에 솜 등을 넣어 둔 것들도 있어 솜을 빼내야 비로소 약이 보인다. 약통 하나 열기가 이렇게 어렵나 싶지만, 다소 힘든 개봉 과정을 거친다 해도 건강을 위해 먹는 영양제가 독극물이 되어 죽음으로 몰아간다면 삼중이 아니라 오중으로 밀폐시켜 독극물에 오염되는 것을 막아야 한다. 1980년대 초 미국 시카고에서 일어난 타이레놀 독극물 사건 당시에는 오늘날과 같은 타이레놀 용기에 병뚜껑을 이중 포장하거나 용기 내부를 감싸는 은박지 포장 등이 없었다. 그렇다 보니 미제의 독극물 사건이 일어날 수 있었다.

1982년 미국 시카고 일대에서 며칠 사이에 7명이 타이레놀을 먹고 사망한 사건이 일어났다. 첫 번째 피해자는 12세 소녀 메리 켈러먼(Mary Kellerman)으로, 1982년 9월 29일 감기로 인한 두통과 복통을 호소한 후 타이레놀 캡슐 한 알을 복용하고 몇 시간 뒤 사망했다. 같은 날 같은 지역에서 두 번째 사건이 발생했는데, 피해자는 27세의 우편배달부 애덤 제너스(Adam Janus)로 갑자기 심장마비로 쓰러져 사망했다. 이 소식을 듣고 달려온 제너스의 남동생 부부도 욕실에 놓여 있던 타이레놀을 발견하고 나눠 먹은 후 둘 다 쓰러져 사망하고 만다. 이렇게 4명이 며칠 사이에 급사하자 경찰이 수사에 나섰고, 이들의 죽음에서 공통점을 발견한다. 바로 타이레놀을 먹었다는 점이다. 조사 결과 각 집에 있는 타이레놀 캡슐에 시안화칼륨이 섞여 있다는 사실이 드러났다. 시안화칼륨은 냄새나 색깔이 없는 물질로, 소금과 입자가 매우 유사한 과립 모양의 청산가리다. 네 사람을 죽음으로 몰고 간 것은 타이레놀이 아니라 청산가리였던 것이다. 타이레놀 제약

사인 존슨앤드존슨에서는 방송을 통해 타이레놀 복용을 중단하고 환불받도록 알렸으나 이후 사망자는 3명이 더 나왔다.

사망자들이 복용한 타이레놀은 구매처도 달랐고, 생산된 공장도 모두 달랐다. 따라서 경찰은 약국에 진열된 타이레놀을 가져다가 의도적으로 청산가리를 첨가한 것으로 결론을 내렸다. 지금까지도 이 타이레놀 살인 사건은 전말이 밝혀지지 않은 미완의 사건으로 남았다.

타이레놀은 시장 점유율 약 35퍼센트를 가진 미국 내 1위 제품이었고, 존슨앤드존슨사 수익의 15퍼센트를 차지하고 있었다. 이 사건으로 시장 점유율이 8퍼센트대로 폭락했다. 그럼에도 불구하고 존슨앤드존슨사는 발빠르게 움직였다. 경찰과 FDA(Food and Drug Administration, 미국식품의약국)의 도움을 받아 몇 가지 중대한 결정을 내린다. 최초의 사망 보도가 나간 뒤 일주일이 지난 10월 5일, 타이레놀 캡슐을 전국에서 모두 회수한다고 발표했다. 약 1억 달러 이상의 소매가에 해당하는 3100만 병 정도를 회수해서 버리겠다는 것이다. 이미 구매한 타이레놀 캡슐을 가져온 소비자에게는 조작이 어려운 알약 형태의 타이레놀로 교환해주었다. 이런 대량 회수 조치는 의약업계에서는 전례가 없던 일이었지만 존슨앤드존슨사는 과감하게 단행했다. 그 후 타이레놀 회수 업무를 전담하는 부서를 마련한 다음 대중에게 퍼진 공포심을 완화시키기 위해 무료 상담전화를 설치했다. 그래서 한편에서는 대중을 상대로 질문에 답하면서 타이레놀 이용자들의 우려를 덜어주었고, 다른 한편에서는 언론사를 대상으로 타이레놀 회수 관련 작업의 진행 상황을 보고했다.

당시 존슨앤드존슨사 회장인 제임스 버크(James E. Burke, 1925~2012)는 언론 등에 나와 인터뷰를 하거나 방송 프로그램에도 출연해 독극물 사건에 대해 공개 사과를 하고 회사가 어떤 조치를 취했는지에 대해 설명했다. 또한 시카고 경찰국과 FDA, FBI(Federal Bureau of Investigation, 미국연방수사국)와도 긴밀한 관계를 유지하며 사건 해결에 힘썼으며, 용의자 정보 제공자에게 10만 달러라는 보상금도 마련했다. 하지만 끝내 이 사건은 미완으로 끝나고 말았다.

이런 수습 대책의 결과 소비자들은 존슨앤드존슨사의 진정성을 신뢰하게 되었다. 비록 범인은 잡지 못했지만 타이레놀은 2개월 만에 알약으로 다시 시장에 나올 수 있었고, 7개월 뒤에는 이전 점유율을 어느 정도 회복할 수 있었다. 이후 새롭게 출하된 제품은 3중 밀폐 방식으로 포장된 용기를 사용해서 이전과 같은 독극물 사건을 사전에 방지할 수 있게 만든다.

타이레놀 살인 사건은 미완으로 끝났지만, 기업의 경영 윤리를 보여주는 대표적 사례로 남았다. 자칫 회사가 망할 수도 있었지만 회장 등 경영진들이 직접 나서서 위기관리위원회를 만들고 피해자 지원과 인명피해 방지를 위해 타이레놀을 전량 폐기하는 등 과감한 조치를 한 덕분에 신뢰를 회복할 수 있었다. 그래서 사건이 발생한 지 7년째에는 타이레놀이 다시 미국에서 가장 인기 있는 진통제가 되었다. 이는 존슨앤드존슨 사의 발빠른 대처 능력을 보여주며 탁월한 위기 관리 능력의 모범 사례가 되었다. 기업에게 당장의 손해보다 더 중요한 것은 신뢰를 회복하는 일임을 보여준 대표적 사례다. 아직까지도 타이레놀 독극물 사건은 기업의 위기 대처와 윤리 경영의 모범적 사례로 손꼽힌다.

참고 자료

「흉기로 돌변한 진통제… 치사량 1만배 독극물 누가 넣었나」(《한국일보》, 2020.05.15) / 「'타이레놀 위기'와 존슨앤드존슨의 신조」(추왕훈 글, 《연합뉴스》, 2016.09.16)

오프라인 한계를 극복한
월마트의 경영 비결

미국의 월마트는 한국에서 실패하고 철수했지만, 28개국에 약 1만 1,700개 이상의 매장을 보유하고 있는 거대 유통업체다. 월마트의 창업자 샘 월튼(Samuel Moore Walton, 1918~1992)은 1962년 미국 아칸소주 뉴포트에서 잡화점을 시작했는데, 이것이 월마트의 전신인 벤 프랭클린 상점이다. 상점이 잘되면서 월튼은 아칸소주, 미주리주 등지로 가게를 확장해갔다. 우연히 할인점 사업을 알게 되면서 그는 아칸소주의 작은 도시인 로저스에서 첫 할인점을 열었고, 이후 소도시를 중심으로 할인점을 늘려갔다. 이미 기존 할인점들이 대도시를 중심

월마트 매장 외관

으로 성장한 반면 월마트는 소도시를 공략하여 확장해갔는데, 1980년대 미국인들의 생활 패턴이 대도시에서 소도시 등 교외로 이동하면서 이 공략이 적중하여 성공의 길을 걷게 된다.

월마트의 성공 신화는 지속적인 가격 할인에 있다. 일정 기간 동안 특정 상품을 대폭 할인하는 것이 아니라 모든 상품을 매일 할인된 가격으로 판매한다. 창업자 월튼의 경영 전략은 옆 가게보다 모든 물건을 약간씩 싸게 팔아야 성공할 수 있다는 것이다. 이 전략이 20세기까지 오프라인 판매를 통해 적중되어 월마트는 엄청난 성장세를 이루었다.

하지만 21세기에 들어서면서 아마존 등 거대 공룡 유통업체들이 등장하고 새로운 온라인 시장에 적응하지 못한 유통업체들이 몰락하는 가운데, 월마트도 한때 위기를 맞게 된다. 이때 구원투수로 등장한 인물이 더그 맥밀런(Doug McMillon)이다.

맥밀런은 월마트 물류창고 파트타임 직원에서 CEO까지 승진한 인물이다. 그는 1984년 아칸소대학 입학을 앞두고 그해 여름 월마트 물류창고에서 트럭 물건을 내리는 임시직으로 일했으며, 대학 졸업 후에는 1990년 월마트 유통센터의 스포츠용품 구매 보조직으로 입사해 의류, 식품 등 여러 파트에서 근무하며 경험을 쌓았다.

이후 월마트 계열의 할인매장인 샘스클럽에서 전자, 스포츠용품, 장난감 등의 관리자로 일하며 실력을 인정받아 승진을 거듭하다가 2006년에 샘스클럽의 영업담당 사장 자리에까지 오른다. 이 시기에 맥밀런은 하청업체와의 관계를 개선하고 다이아몬드 목걸이 등 새로운 상품을 추가하는 등의 전략으로 매출을 올리는 데 큰 성과를 거두었다. 그는 점차 경영 능력을 인정받으면서 2009년 월마트 해외사업부 대표가 되었다. 2009년 당시 해외 매장이 15개국 3,300개였는데 4년 후 26개국 6,300개로 확장했으며, 해외 사업 매출 증가율도 미국 매출 증가율을 넘어섰다. 이를 계기로 맥밀런의 리더십이 주목받게 되었고, 입사한 지 24년 만인 2014년 2월 맥밀런은 월마트의 CEO로 취임한다. 맥밀런이 취임할 당시는 아마존을 비롯한 전자상거래업체들이 빠르게 성장하던 시기여서 많은 유통업체들이 휘청거렸고 월마트 역시 매출 증가율 0퍼센트대에 머물러 있었다.

CEO로 취임한 맥밀런이 가장 먼저 한 일은 온라인 전자상거래 시장 진출이었다. 온라인 시장에 과감한 투자를 시작하며 온라인업체들을 인수하기 시작해 온라인 플랫폼을 확보해 나갔다. 2016년에는 온라인의 코스트코라고 불린 제트닷컴을 33억 달러(3조 8000억 원)에 인수하고 창업자 마크 로어(Marc Lore)에게 월마트의 전자상거래를 맡겼다. 2017년부터 의류·액세서리 상거래업체 모드클로스, 아웃도어 의류업체 무스조, 남성복 기업 보노보스, 여성 속옷 판매업체 베어네세시티 등을 사들였다. 또한 2018년에는 인도 최대의 전자상거래업체인 플립카트의 지분 77퍼센트를 160억 달러(약 17조 2000억 원)에 인수했다.

맥밀런은 온라인에만 집중하지 않았다. 오프라인 유통 매장을 장점으로 활용하고 다른 온라인업체와의 차별화를 위해 식료품 판매에 집중했다. 그래서 1,600여 개의 식료품 상점과 제휴를 맺어 다양한 식료품을 판매했는데, 2015년에는

3,100개의 상점과 거래를 하여 더욱 많은 식료품을 픽업해 고객을 끌어들였다. 이미 미국에서 월마트의 매출 절반 이상(56퍼센트)은 식료품이 차지해왔다. 당시 경쟁사인 아마존의 경우 제휴를 맺은 식료품 상점이 500여 개에 불과한 것과 비교하면 식료품에서 월마트를 따라갈 유통업체는 없다고 봐야 한다. 월마트는 온라인과 오프라인 판매를 결합한 배송 방식을 통해 고객 유치에 힘썼다. 맥밀런은 "고객들은 싸고 편리하게 쇼핑하는 것을 원하기도 하지만 때론 매장을 둘러보며 물건을 구매하는 것을 선호하기도 한다. 월마트는 온라인과 오프라인 인프라를 골고루 갖추고 있기 때문에 다른 온라인 위주의 유통업체보다 경쟁력을 갖추고 있다"고 말했다.

이러한 전략에 힘입어 월마트는 2017년 매출이 5003억 달러(약 600조 원)로 증가한다. 이전 3년간 매출이 4800억 달러(약 575조 원) 안팎에 머물렀다는 점에 비하면 큰 성과는 아니지만 여전히 건재하다는 것을 알려주는 수치이기도 하다. 반면 같은 해 월마트의 온라인 부문 사업 매출은 44퍼센트 증가하여 큰 성장을 이루었다.

월마트가 20세기의 성공한 할인점 오프라인 매장만 고집했다면 어떻게 되었을까? 역사 속으로 사라졌을지도 모른다. 하지만 위기 대처에 능한 CEO 더그 맥밀런의 경영 전략은 아직

성공 중이다. 온라인 판매에 집중하면서도 오프라인의 강점을 살리고 온라인 서비스를 강화해간 결과 지속적인 성장세를 보이고 있기 때문이다. 코로나19 상황 중인 2020년 월마트의 1분기 순이익은 4퍼센트, 3분기 온라인 매출은 전년 대비 79퍼센트 증가했다.

참고 자료

「더그 맥밀런 월마트 사장의 두 개 화살」,《매일경제》, 2017.08.23) / 「위기 겪던 월마트 성장 비결, 구성원 '업스킬링(Upskilling)·리스킬링(Reskilling)'」,《산업일보》, 2020.12.22) / 「더글라스 맥밀런 월마트 대표, 글로벌 영향력 1위 기업인에 '우뚝'」,《오피니언뉴스》, 2019.12.30) / 「임시직에서 사장까지 이르는 월마트 CEO 더그 맥밀런(Doug McMillon)」,《시사뉴스》, 2019.03.08) / 월마트스토어, 두산백과

무인양품이 유명한 이유는 로고가 없어서?

일본 여행을 가면 꼭 한 번은 들러보는 곳이 있다. 바로 '내추럴, 베이직, 심플함'을 통해 미니멀리즘 라이프스타일을 추구하는 무인양품(無印良品)이다. 노브랜드, 노디자인의 밋밋함을 친숙하고 편안한 이미지로 만든 브랜드다. 지우개, 볼펜부터 주방용품, 옷, 가구까지 다양하고 많은 제품이 한결같이 단순하고 비교적 가격이 낮아 부담없이 찾게 된다. 무인양품의 '무인(無印)'은 '도장이 찍혀 있지 않다', 즉 로고가 없는 노브랜드(No Brand)를, '양품(良品)'은 '좋은 품질(Quality Goods)'을 의미한다. 일본말로는 무지루시료힌(むじるしりょうひん)이라고 읽는

데, 줄여서 무지(MUJI)라고 한다. 무인양품의 노브랜드 전략이 어떤 과정을 거치며 이루어져 와서 오늘날 대기업으로 성장할 수 있었는지 그 비결을 알아보자.

무인양품은 1977년 유통업체 월마트의 일본 자회사인 세이유 자체브랜드(PB)로 출발했다가 1980년 '무인양품'으로 정식 출범했다. 당시 2차 석유 파동으로 인한 경제 위기가 감돌던 시기여서 이미 여러 대형 마트에서 PB 상품들을 내놓고 있던 상황이었고, 세이유는 후발주자였다. 기존 PB 상품과 경쟁에서 이기려면 차별적인 뭔가가 필요했다. 유통, 상품 등과 관련된 전문가들을 불러 회의를 진행했는데 그 결과 PB 상품의 특징인 낮은 가격을 유지하되 좋은 품질로 가성비를 높여야

무인양품 매장(일본 오사카)

한다는 점과 기본에 충실해야 한다는 점, 즉 제품의 본질적 기능에 충실하고 그 외 것들은 버려야 한다는 점을 도출한다. 그래서 출범 당시 가정용품 9개, 식품 31개로 총 40개 품목을 확정했다. 일상생활에서 꼭 필요한 것, 사용하기 쉬운 것, 안심하고 사용할 수 있는 소재와 착용감이 좋은 것, 포장의 간소화 등을 기준으로 삼아 선택된 상품들이었다.

무인양품은 1983년 도쿄 아오야마에 첫 직영점을 낸 후 생활잡화점을 벗어나 의류와 가정용품, 가구, 식품 등 일상생활 전반에 걸친 상품을 기획·개발하고 제조·유통·판매까지 하고 있다. 1988년 세이유에서 독립한 양품계획(良品計劃)이 1990년부터 무인양품 브랜드의 영업권을 양도받아 독자적인 브랜드로서 본격적 영업 활동을 시작하게 된다. 무인양품은 출범 이후 매출이 꾸준히 증가하며 문제없이 성장을 이루었다. 특히 1990년대 일본의 버블 경제가 무너지자 소비자들은 싼 물건을 찾게 되었고, 이로 인해 저가격 고품질의 무인양품은 더욱 인기가 높아졌다. 특히 1991년에는 영국 런던에 첫 해외 매장을 열어서 본격적으로 해외 시장으로의 사업 확장을 꾀했다. 1990년대에는 불경기 속에서도 440퍼센트의 매출 성장을 이루어 1999년 매출 1066억 엔과 영업이익 133억 엔을 기록했다. 하지만 1999년을 정점으로 상승세가 꺾이면서

2001년에 적자를 기록한다. 이유는 늘어난 경쟁사들과 무리한 사업 확장 때문이었다. 이 시기 무인양품의 재기를 위해 각고의 노력을 기울인 사람이 있는데, 사장 마쓰이 타다미쓰(松井忠三)와 디자이너 하라 켄야(原研哉)다.

마쓰이 타다미쓰는 사장 취임 후 하락하는 무인양품을 살리기 위해 젊은 직원들과 함께 내부 문제를 진단해 나갔고 고객과의 소통을 확대하며 자사 제품에 대한 문제점을 짚어보고 실행할 수 있는 일부터 시작했다. 먼저 물류 창고에 쌓인 불량 재고를 소각하고 불량 방지를 위한 방법을 찾아냈다. 또한 무리한 확장으로 설립된 적자 매장들을 폐쇄하고 전문가들과 협업해서 새로운 제품 개발에 나섰다. 그리고 그는 철저한 품질 관리에 집중했다. 직원들이 직접 외주 제조업체를 방문해서 제품의 상태를 확인하고 품질을 관리하도록 하여 품질 개선에 힘썼다. 이러한 노력으로 무인양품은 2002년 흑자로 돌아섰고 이후 지속적으로 상승세를 보이고 있다. 마쓰이의 경영 비결은 혁신적인 경영 시스템 도입이 아니라 기본에 충실하자는 것이다. 그렇다고 과거에 정한 원칙에 안주하는 것이 아니다. 무인양품스러운 것을 유지하되 품질은 계속 개선하여 좀 더 좋은 제품을 만들고자 노력하는 것이다.

이로써 무인양품은 출범 때 모습, 본래의 모습에 더 확실하게 다가가면서 위기를 극복하게 된다. 이런 노력으로 당시 새롭게 선정한 브랜드 이미지가 '이것으로도 충분하다'이다. 최고도 최저도 아닌 적정 수준, 바로 고객 스스로 선택하는 선을 지향한 이미지다. 더도 덜도 아닌 내게 맞는 것으로 충분하다는 이미지를 담겠다는 것이다.

무인양품의 그래픽 디자이너인 하라 켄야는 2001년부터 디자인 수장으로 무인양품을 대표하는 이미지를 만들었다. 그는 "무인양품은 '일본다움'이 세계적이라는 생각을 버리고, 유행을 좇지 않되 촌스럽지 않은 디자인으로 세계에서 통용되는 보편성을 획득하고 있다. 면봉부터 링노트의 모양에 이르기까지 일관된 디자인 톤을 유지, 무인양품의 철학이 하나로 관통될 수 있도록 치밀하게 설계하는 것이다"라고 말한다. 무인양품의 디자인은 단순함과 비어있음의 콘셉트를 잡고 세계인의 보편적 취향을 지향한다는 것이다. 그래서 최고의 상품, '꼭 이것이어야만 해'가 아니라 질이 좋은 제품이라서 '이것으로 충분해'라는 이성적 판단에 의해 고객에게 만족감을 선사해 주는 제품, 그것이 바로 무인양품이 지향하는 제품이다. 이러한 지향점이 윤리적이고 합리적 기업이라는 이미지를 구축할 수 있었고, 이로 인해 무인양품은 다시 상승세를 타며 성공의 길을 갈 수 있었다.

2020년까지 무인양품은 '무인 신화'라는 별명이 붙을 만큼 엄청난 성공을 거두었다. 전 세계 25개국 900여 개 점포에서 매출이 3700억 엔(약 4조 원)에 이른다. 이런 성공 부활의 초석을 일군 마쓰이 타다미쓰는 한 인터뷰에서 무인양품의 성공 비결을 다음과 같이 말했다. "우리는 7,000여 개의 상품에 일관되게 '단순한 디자인'을 적용한다. 하지만 만족할 만한 미학적 작품을 내놓기 위해 매우 엄격한 절차를 거치고 있다. 디자인 기획안이 나오면 사내 '상품전략위원회' 심사를 거쳐야 한다. …… 이들이 수시로 협의해서 '무지만의 독자적인 제품'인지를 엄격하게 검사한다." 이는 무인양품의 제품 전략이 그대로 담긴 말이다. 단순하다고 해서 쉽게 만들어지는 것이 아니다. 수많은 고민과 토론을 거쳐 무인양품다운 것, 품질 좋은 것을 찾아내고 만들어내는 것, 그것이 무인양품의 성공 비결이다.

참고 자료

「우리가 몰랐던 무인양품의 5가지 비밀」(한성국 글, 《브런치》, 2016.10.16) / 「세계인의 홈퍼니싱 필수템 '무인양품' 본질 빼고 껍데기 다 버려… '디자인 경영' 정수」(《매일경제》, 2017.07.03) / 『기본으로 이기다, 무인양품』(마쓰이 타다미쓰 지음, 위즈덤하우스) / 「무인양품의 성공 비결 '노 로고, 노 디자인, 노 마케팅'」(《아시아경제》, 2020.03.06) / 「전략적 영업·스피드 경영으로 '무인양품' 부활을 이끈 마쓰이 회장」(《조선닷컴 위클리 비즈》, 2012.07.07) / 무인양품, 두산백과

사지 않은 물건도
환불해주는 백화점

   한 백화점에 누더기옷을 걸친 여인이 들어와 천천히 둘러보며 여성옷 매장으로 향한다. 아무도 그를 말리는 사람이 없다. 여성옷 매장 중 프리미엄 매장 직원에게 다가가 그 여인이 말한다. "오늘 파티에 입고 갈 드레스를 사려고 하는데 추천해줄래요." 직원은 원하는 스타일과 치수 등을 묻더니 이내 드레스 여러 벌을 가져왔다. 그중 하나를 골라 입고 여인은 "마음에 드네요. 잠깐 볼일이 있어 두세 시간 후 올 테니 제 옷 좀 맡아주세요"라는 말을 남기고 나간다. 직원 누구도 그녀를 제지하지 않는다. 이를 지켜본 한 고객이 의아해하며 그 판매 직원

시애틀에 위치한 노드스트롬 백화점(본점)

에게 다가가 물었다. "저 여인이 다시 와서 옷값을 지불할 것
이라고 믿고 그냥 보내신 건가요?" 하니 직원은 "제 일은 누가
백화점 손님인지 판단하는 일이 아닙니다. 손님에게 친절과
봉사로 최선의 서비스를 제공하는 것입니다"라고 말했다. 이
백화점은 미국에 있는 노드스트롬 백화점이다.

　우리나라에서는 다소 낯설기도 하지만 120년 넘게 이어져
온 노드스트롬 백화점은 고객 감동 서비스 경영 전략으로 유

명하다. 우리나라에서도 벤치마킹한 덕에 백화점들의 고객 서비스가 많이 좋아졌다. 노드스트롬 백화점의 고객 감동 서비스는 어떻게 이루어져 왔는지 그 내막을 살펴보자.

노드스트롬 백화점은 1901년 스웨덴 이민자인 존 노드스트롬(John W. Nordstrom, 1871~1963)과 칼 월린(Carl F. Wallin, 1868~1951)이 함께 시애틀에 세운 신발가게에서 시작되었다. 노드스트롬 백화점의 경영 철학은 이미 신발가게 때부터 갖추어져 있었다. 한 고객이 노드스트롬의 신발가게에 발치수를 적어 보내면서 구두 한 켤레를 사고 싶다는 편지를 보냈다. 노드스트롬은 4켤레의 구두를 보내면서 내키지 않은 3켤레는 배송비를 지불할 테니 다시 돌려주면 된다고 적어놓았다. 그런데 고객은 4켤레 모두 마음에 들지 않아서 한쪽에 치워둔 채 까맣게 잊고 있었다. 6개월이 지난 후에야 갑자기 구두가 생각나서 고객은 사과와 함께 손해배상을 하겠다고 연락해왔다. 하지만 노드스트롬은 어떠한 비용도 부담할 필요가 없다며 구두만 돌려달라는 답변을 주었다. 이러한 고객 만족 서비스는 백화점으로 사업을 확장하면서 더욱 빛을 발했다.

이후 노드스트롬의 신발가게는 인기를 끌면서 1923년 시애틀에 두 번째 매장을 열었고, 1930년에는 세컨드애비뉴에 세 번째 매장을 냈는데 이때 회사 이름을 노드스트롬으로 바꾸었다. 이후에도 계속 매장을 확대하여 1958년에는 미국에만 총 8개의 매장을 갖추었다. 고객 만족 서비스뿐 아니라 신발사이즈의 다양화와 질 좋은 상품의 판매로 단골고객이 늘어나고 매출이 지속적으로 향상한 것이다. 이런 성장에 힘입어 1963년에 의류 사업을 시작으로 이후 주변의 크고 작은 상점들을 인수하면서 더욱 사업을 확장하여 1978년에는 패션 의류 백화점 노드스트롬이 본격적으로 시작되었다. 노드스트롬은 1978년에만 매출액이 약 2억 5000달러로 미국 3위 소매업체가 되었다. 이후 미국 각 지역에 물류센터를 건설하며 매장을 확대해갔고, 1993년부터는 온라인 판매도 시작했다.

노드스트롬 백화점은 오프라인과 온라인을 연결하는 판매망을 갖추면서 꾸준한 성장을 일궈갔다. 2007년 91억 달러였던 기업 매출이 2017년 155억 달러까지 상승했다. 다른 기업들의 매출이 정체되거나 하락하는 상황 속에서도 꾸준한 상승세를 보인 것이다. 이런 성장의 일등 공신은 바로 직원들의 고객 감동 서비스였다. 노드스트롬 백화점의 경영 비결은 고객 감동 서비스로 귀결되는데, 여기에는 몇 가지 경영 원칙이 있다. 첫째, 내부고객의 만족도를 높여 그들에게 일정한 권한을 부여한다는 점이다. 내부고객은 직원을 가리킨다. 직원들의 만족도가 높아야 외부고객의 만족도를 높일 수 있다고 본 것이다. 직원들에게는 '모든 상황에서 스스로 최선의 판단을 내려 고객에게 이익이 될 수 있는 방향으로 행동하라'는 규칙이 있다. 직원들이 일을 하면서 내린 결정에 잘잘못을 따지지 않고 어떤 상황에서도 직원 스스로 판단해 고객에게 좋다고 생각되는 것을 바로 실행에 옮길 수 있도록 한 것이다. 이는 수동적 직원이 아니라 마치 사업가처럼 책임을 지고 일을 적극적으로 행할 수 있도록 한 방침이다.

둘째, 100퍼센트 반품 또는 환불 정책이다. 이는 초창기 신발가게 사례에서도 볼 수 있듯이 고객 감동 서비스의 최선의 전략이다. 반품이나 환불은 기업 입장에서는 손해로 받아들일 수 있다. 환불된 제품은 다시 입고, 판매, 배송 과정이 필요하고 이때 들어가는 비용은 고스란히 기업이 부담하기 때문이다. 하지만 노드스트롬 백화점은 이를 경쟁력으로 활용하는데, 바로 고객의 신뢰를 확보하여 재구매율을 높이는 전략이다. 이는 창립 이후 지금까지 120년 넘게 이어져온 경영 원칙이다. 비록 환불 정책을 악용하는 '블랙 컨슈머(Black Consumer)'가 있을지라도 그들은 극소수에 불과하기 때문이다. 대부분의 소비자들은 환불 정책을 통해 이 회사에 깊은 신뢰를 갖게 되어 재방문할 여지가 크다. 환불 정책은 기업과 고객 간의 신뢰를 쌓는 계기가 되었다고 볼 수 있다. 노드스트롬 백화점이 큰 위기 없이 지속적인 성장을 이루어온 것은 고객들의 신뢰가 바탕이 되었기 때문이다.

환불 정책과 관련해서 유명한 사례가 하나 있다. 어떤 사람이 노드스트롬 백화점에 와서 타이어의 반품을 요구했다. 타이어는 백화점에서 취급하지 않은 제품이었으나 직원은 타이어 가격을 묻고 환불해주었다. 백화점이 세워지기 전 타이어 판매점이 있었다고 한다. 그 고객은 착각해서 환불을 요구한 것이지만 나중에라도 알게 되었을 때 어떤 생각을 할까? 이것이 고객 감동 서비스인 것이다. 노드스트롬 백화점의 이 직원은 한 사람의 확실한 고객을 잡기 위해, 또 그 고객의 입으로부터 노드스트롬 백화점의 좋은 이미지를 홍보하기 위해 최선의 결론을 스스로 내린 것이다. 마치 직원이 CEO처럼 판단하는 곳, 그래서 고객 감동 서비스가 이루어지는 곳, 그래서 노드스트롬 백화점은 성공할 수밖에 없었다.

참고 자료

「이래도 잘나간다, 상식 깬 패션전문 백화점 '노드스트롬'」(《매일경제》, 2011.07.29) / 「노드스트롬의 실험실 속으로」(《서울경제》. 2018.07.27) / 「고객만족의 대명사 노드스트롬」(《매일경제》, 2011.07.29) / 「손님은 왕이다… 왕을 감동시켜라」(《한국경제》, 2006.02.20) / 「美 럭셔리 백화점 노드스트롬, 나홀로 흥행 왜」(《이코노믹리뷰》, 2017.02.19) / 노드스트롬, 두산백과

편집자 없는 출판사, 인키트

　4차 산업혁명은 로봇이나 인공지능(AI), 빅데이터 등의 첨단 정보통신기술이 경제·사회 전반에 영향을 미쳐 혁신적인 변화가 나타나는 새로운 산업 시대를 가리킨다. 이미 4차 산업혁명은 시작되었다. 지금도 효율과 생산성을 높이기 위해 사람 대신 로봇과 인공지능으로 대체되는 곳이 많아지고 있다. 로봇 바리스타가 커피를 만드는 무인 커피숍, 로봇이 음식점에서 서빙을 하거나 호텔에서 체크인하는 광경을 접하기도 한다. 로봇뿐 아니라 인공지능과 빅데이터도 점차 우리 사회 전반에서 활용도가 높아지고 있다. 특히 4차 산업혁명의 핵심 요소인 인공지능은 다양한 분야에서 관심을 끌고 있다. 인공지능(Artificial Intelligence)은 영문의 앞글자만 따서 흔히 AI라고도 한다. 이는 인간처럼 생각하고 판단하고 학습하는 컴퓨터 프로그램이다. 인간의 인식 판단, 추론, 문제해결, 언어나 행동지령, 학습 기능과 같은 인간의 두뇌작용과 같이 컴퓨터가 스스로 추론하고 학습하고 판단하면서 작업하는 시스템을 가리킨다.

근래에 와서 AI는 인간의 고유 영역이라고 생각했던 예술 분야에까지 진출하고 있다. 2018년 국내에서는 최초로 KT와 한국콘텐츠진흥원이 공동으로 AI 소설 공모전을 개최했다. AI가 소설을 쓰는 것이다. 이미 일본에서는 2016년에 니혼게이자이 신문사에서 주최한 'AI 소설 프로젝트'를 통해 AI가 쓴 소설이 1차 심사를 통과하기도 했다. 이 경우 AI가 20퍼센트, 인간이 80퍼센트 정도로 기여해서 완벽한 AI의 소설로 보기는 어렵지만 일정 부분이라도 AI가 창작의 범위까지 넘보고 있다니 놀랍기만 하다. 하물며 출판계에도 AI가 진출하여 책을 만들고 있다는데, 이 정도는 놀랍지도 않다. AI와 빅데이터의 활용으로 새로운 책의 시대가 열리고 있다는 것을 알 수 있다.

사람 대신 AI가 책을 만드는 곳, 출판사 인키트(Inkitt)다. 인

인키트에서는 AI가 편집자의 역할을 한다.

키트는 2016년 독일 베를린에서 프로그램 개발자 알리 알바자즈(Ali Albazaz)와 웹디자이너 린다 개빈이 공동으로 설립한 출판사다. 인키트는 운영 및 시스템이 기존 출판사와 많이 다르다. 회원 중심의 플랫폼+출판사라고 보면 될까. 회원들이 직접 창작한 스토리를 홈페이지에 등록하고 다른 회원들과 함께 독서 경험을 공유하는 오픈 커뮤니티 플랫폼이다. 이곳에 올라온 다양한 소설들을 AI가 골라내서 책을 만든다. 이른바 '편집자 없는 출판사'로서 기존 출판업계의 관행을 역행한 것이다.

기존 출판사는 저자의 명성과 능력, 편집자의 주관적 판단에 의해 책을 만들어왔다. 그래서 편집자의 착오에 의해 출판된 수많은 책들이 실패를 반복하기도 한다. 인키트는 사람이 해오던 편집자의 역할을 AI와 독자에게 맡겼다. 편집자의 주관적인 판단을 없애고 객관적인 AI 솔루션과 독자들의 판단에 맡겨 오류를 없애고자 한 것이다.

　인키트의 새로운 경영 방식과 혁신적인 시스템의 결과는 어떠했을까? 창립한 첫해 출간된 24권 중 22권이 아마존 독일 내 분야별 베스트셀러가 되었고, 그중 20권은 출간 직후 9일 만에 5위 내에 진입했다. 2017년에는 출간도서의 3분의 2인 46권이 베스트셀러가 되었다. 이 정도면 대박이 아닌가. 어떻게 해서 이런 결과가 나올 수 있을까? 비결은 단 하나 AI. 바로 AI의 분석 데이터에 의존한 결과다.

　보통 출판사에서 책을 출간하려면 원고 기획안과 원고 초안을 제출하고 편집자의 선택을 기다린다. 출판사는 책을 팔기 위해서 검증된 작가의 작품을 선호하지, 인지도가 낮은 작가의 글은 배제할 수밖에 없다. 내용보다는 편집자의 눈썰미나 저자의 명성, 이력에 좌우되는 경우가 많기 때문에 성공한 작가의 책이 출판서적의 95퍼센트를 차지한다. 그래서 〈해리포터〉의 저자인 J. K. 롤링[Joanne Rowling(본명), Joanne

Kathleen Rowling(필명)]도 출판사에 원고를 제출했다가 13번이나 거절당했다. 하마터면 영화, 캐릭터, 테마파크 등 총 300조 원에 육박하는 엄청난 산업으로 성장한 해리포터 시리즈가 세상에 나오지 못할 뻔했던 것이다. 또한 개봉하기만 하면 엄청난 관객이 몰렸던 영화 트와일라잇 시리즈 역시 원작글은 14곳의 출판사에서, 윌리엄 골딩의『파리 대왕』은 20곳의 출판사에서, 마가릿 미첼의『바람과 함께 사라지다』는 무려 38곳의 출판사에서 거절당했다. 작가의 명성에만 의존해온 편집자의 안목과 독자의 성향이 얼마나 큰 차이가 나는지를 보여주는 사례들이다.

인키트는 AI 데이터 분석을 통해 편집자의 선택과 독자 성향 간의 간극을 줄였다. 기존 편집자의 역할을 AI와 독자에게 맡긴 것이다. AI 덕분에 인키트는 세계 최초의 독자 중심 출판사임을 내세우며 출판업계의 디지털 변화를 선도하고 있다. 베스트셀러는 자체 개발한 '베스트셀러 판별 알고리즘'을 통해 예측한다. 이는 빅데이터와 AI를 활용해 독자들의 행동 데이터를 분석하고, 이를 바탕으로 베스트셀러를 예측하는 것이다. 고객 데이터는 주로 페이스북에서 수집한다. 인키트 플랫폼을 이용하려면 페이스북으로 로그인해야 하기에 독자들의 나이, 성별, 직업, 주소 등 기본적인 인구통계학적 데이터를 보유할 수 있다. 이런 데이터를 바탕으로 인키트의 알고리즘은 2만 5,000가지의 세분화된 방법으로 회원들의 독서 속도, 선호 장르, 독서 장소, 독서 시간대 등 가능한 모든 데이터를 취합해서 분석한다. 이러한 정보를 바탕으로 베스트셀러 가능성을 예측해 잘 팔릴 것 같다고 판단되면 출판사는 저자에게 연락하여 출간을 진행한다. 저자에게 제공하는 인세는 전자책 25퍼센트, 종이책 51퍼센트를 지급하는데, 종이책의 경우 보통 출판사가 책값의 7~10퍼센트를 인세로 제공하는 것에 비교하면 매우 파격적이다.

독자가 행하는 편집자의 역할은 플랫폼에 올라온 글을 읽고 평가하는 것이다. 단순히 평가로 끝나는 것이 아니라 어떤 평가냐에 따라 글에 대한 수정과 보완 및 방향이 결정된다. 이 과정에서 출판사는 간단한 교열만 하고, 표지 디자인의 경우는 출판사, 작가, 디자이너의 협업으로 이루어지며 선정된 3개의 시안을 출판사 페이스북에 올려서 독자들의 표를 가장 많이 받은 것으로 결정한다. 이런 과정은 독자들의 평가를 기반으로 한 피드백이야말로 가장 가치 있는 데이터라고 본 인키트의 경영 철학이 담겨 있다.

창업자 알리 알바자즈와 린다 개빈은 창업 초기에 "출간한 책의 99.99퍼센트를 베스트셀러로 만들겠다"는 야심찬 계획을 세웠는데, 이들의 자신감은 AI가 있기 때문이다. 현재 인키트는 100만 명이 넘는 회원을 보유하고 있고 등록된 저자는 7만 5,000여 명 정도이며 누적된 스토리는 23만 6,000여 건에 달하고 있다. 또한 출간된 서적 중 91.7퍼센트가 베스트셀러가 된 것으로 보아 그들의 야심찬 계획은 성공의 길을 가고 있다고 볼 수 있다. 남들이 하지 않은 도전 의식과 혁신적 운영이 AI 출판을 가능하게 하고, 베스트셀러를 지속적으로 만들어 낼 수 있게 하는 것이다.

참고 자료

「인공지능으로 베스트셀러만 내는 출판사」(《한국일보》, 2017.11.16) / 「인공지능 베스트셀러 출판사 '인키트'」(《BIZION》, 2017.10.12) / 「데이터 알고리즘으로 베스트셀러를 만드는 출판사」(류영호 글, 《브런치》, 2019.07.15) / 인공지능, 네이버 4차 산업혁명 / 「베스트셀러 타율 90% 출판사의 비결」(《독서신문》, 2019.12.18) / 「AI(인공지능) 시대의 출판업계 전망」(《AI타임스》, 2019.12.13) / 「넥스트 해리포터를 찾는 인공지능 출판사, 인키트(Inkitt)」(《인터비즈》, 2018.12.21)

ECONOMY

3

아주
특별한
광고의
효과

나이키 슬로건,
'저스트 두 잇'의 유래는?

이른 아침 80세 할아버지가 샌프란시스코 금문교를 달리며 이야기를 한다. "나는 매일 아침 17마일(약 27킬로미터)을 달립니다. 사람들이 겨울에 달리면 이가 부딪혀서 불편하지 않냐고 물어봅니다. 그래서 틀니는 옷장에 두고 달린답니다." 그리고 마지막 장면에 '저스트 두 잇(Just Do It)'이란 문구가 나오면서 광고가 끝난다. 나이키의 슬로건 '저스트 두 잇'의 첫 광고 장면은 30초짜리 짧은 영상으로 유머와 스포츠의 도전 정신을 담고 있다. 1988년에 시작된 이 슬로건은 32년 동안 나이키를 상징하는 광고 카피다. 'Just Do It'은 '그냥 해, 일단 해

봐'를 뜻하며 나이키의 기업 정신인 '도전과 열정, 용기의 경영 철학'을 담아냈다. 오늘날 나이키의 성공을 이루는 데 견인차 역할을 한 '저스트 두 잇'은 어떻게 탄생되었을까? 그 비화를 알아보자.

나이키의 창업자인 필 나이트(Phil Knight)는 미국 오리건대학 육상 선수 출신으로 졸업 후 육상부 시절 코치인 빌 보어먼(Bill Bowerman)과 함께 1964년에 일본의 브랜드인 오니츠카 타이거(아식스의 전신) 운동화를 수입해서 판매하는 '블루 리본 스포츠(Blue Ribbon Sports)' 회사를 설립한다. 주로 대학 육상부를 찾아다니며 판매했는데, 운동화가 많이 팔려나가자 1971년에는 운동화를 직접 제작해서 팔기로 한다. 브랜드명은 그리스신화에 나오는 승리의 여신 니케의 영어식 이름 나이키로 정했다. 이 이름은 나이키 운동화를 신으면 승리할 것이라는 열망을 담은 것이다. 로고 또한 니케의 날개를 닮은 모양으로 정했는데, 이것은 심플하면서도 역동적으로 지금까지 나이키를 대표하는 상징이 되었다. 이렇게 해서 처음 제작한 러닝화가 '코르테즈(Cortez)'다. 이 운동화는 로고를 넣고 밑창은 마찰력을 강화한 와플 모양으로 만들어 품질을 높였다. 이후 나이키는 다양한 제품을 계속 출시하면서 인기를 끌었고, 1980년에는 미국 운동화 시장의 50퍼센트를 차지할 만큼 놀라운 성장을 이루었다.

나이키는 1971년 첫 제품을 출시하고 광고에는 별로 힘쓰지 않았다. 그러다가 1976년 처음 광고 캠페인을 시작했는데, 첫 슬로건이 '결승점이 없다(There is no finish line)'였다. 이는 영원한 승자는 없고 새로운 승부만 있을 뿐이라는 의미다. 1987년 에어 쿠셔닝 기술로 만들어진 에어맥스 제품을 출시하면서 새로운 슬로건으로 광고 캠페인을 시작한다. 그것은 'Gravity will never be the same'으로 '중력이 전과 같이 느껴지지 않을 것이다'라는 뜻이다. 그리고 나이키 광고 캠페인을 30년 넘게 끌고간 슬로건 '저스트 두 잇'이 1988년에 시작된다. 이 슬로건의 탄생에는 비화가 있다.

1980년대 후반 에어로빅 열풍을 타고 경쟁사들이 에어로빅 시장을 잠식하자 나이키의 시장이 좁아졌다. 이때 효과적인 광고가 필요하다고 본 창업자 필 나이트는 댄 위든(Dan Wieden)이 대표로 있는 위든앤드케네디(Wieden & Kennedy)에 나이키 광고를 의뢰한다. 댄 위든은 오랜 준비 끝에 나이키 텔레비전 광고 영상 제작을 진행했다. 그런데 마무리하는 단계에서 마지막 장면에 들어갈 슬로건이 정해지지 않았다. 그는 임팩트 있는 슬로건을 찾던 중, 마침 한 사건이 떠올랐다. 바로 1977년 미국 전역을 충격에 빠뜨린 살인마 '개리 길모어(Gary Gilmore)' 사건이다.

개리 길모어는 1976년 무고한 시민 2명을 살해해서 체포된 후 살인 이유를 물으니, 그냥 죽이고 싶어서 죽였다고 답하여 많은 사람의 공분을 샀다. 당시 미국에서는 사형제 폐지를 둘러싼 논쟁이 끊이지 않았고, 결국 1976년 사형 집행을 다시 하라는 미국 최고법원의 판결이 난 상황이었다. 이로 인해 길모어가 사형제 부활 이후 최초로 사형 집행의 대상이 된 것이다. 사형 집행날 목사가 마지막으로 할 말이 있냐고 묻자 길모어는 "Let's Do It!(그렇게 해. 또는 사형을 집행해)"이라는 말을 남겼다. 당시 이 말이 회자되면서 유명해졌다.

댄 위든은 바로 'Let's Do It!'이란 말에 영감을 얻어서 '저스트 두 잇'을 탄생시켰다. 이 슬로건은 나이키 관계자들로부터 처음에는 환영받지 못했다. 사형수의 마지막 말과 관련 있다는 것이 꺼림칙했기 때문이다. 하지만 결국 댄 위든은 반대하는 나이키 관계자들을 설득해서 이 문장을 광고 슬로건으로 사용한다. 저스트 두 잇은 누군가가 나에게 두려움 따위는 버리고 용기를 갖고 도전해보라고 말하는 것 같다. 그래서였을까? 이 슬로건 광고는 폭발적인 인기를 끌었다. 운동선수들은 도전 의욕이 생긴다는 의견을 보내왔고, 일반인들도 무엇인가 해볼 수 있는 용기를 갖게 하는 감동적 문구라는 찬사를 보냈다. 특히 상대적으로 차별받아온 유색인종 선수들과 여성 선수들에게는 용기를 낼 수 있게 힘을 주는 문구였다고도 한다. 이 슬로건이 야말로 나이키의 성공과 대중화를 이끈 원동력이 되었다.

저스트 두 잇 캠페인은 나이키의 도전과 열정, 차별 없는 스포츠 정신을 전하고자 한 경영 철학을 스포츠 세계를 넘어 일반인들의 일상생활로까지 확대시켰다고 볼 수 있다. 스포츠 정신을 대중화하는 데 이바지한 셈이다.

참고 자료

「나이키 슬로건 'Just do it'의 유래를 아십니까」(《세계일보》, 2015.03.19) / 「어느 사형수의 마지막 한마디 "JUST DO IT"」(《패션서울》, 2016.03.08) / 「나이키의 Just Do It 세계관에 관하여」(《디지털인사이트》, 2019.04.24) / 나이키, 네이버 세계브랜드백과 / 「저스트 두 잇, 나이키」(김서나, 《오피니언뉴스》, 2020.05.23) / 「"물건 아닌 꿈을 판다"… 유럽 명품 뺨때리는 '브랜드 1등'」(《CNB JOURNAL》, 2017.08.11) / '저스트 돈 두 잇'(윤여춘 글, 《미주한국일보》, 2018.09.11)

산타클로스가 정말
코카콜라 광고에서 탄생했을까?

매년 12월만 되면 어김없이 나타나는 산타클로스. 빨간 모자에 덥수룩한 수염, 빨간 옷을 걸친 후덕한 몸으로 어깨에는 선물로 가득찬 보따리를 매고 루돌프 사슴이 끄는 썰매를 타고 등장한다. 산타클로스는 인자하고 유쾌한 할아버지의 모습으로 TV나 영화뿐 아니라 백화점, 쇼핑몰, 놀이공원 등 곳곳에 등장하여 선물을 전해준다. 산타클로스는 왜 빨간모자와 빨간 옷을 입은 뚱뚱한 할아버지 모습인 것일까? 여기에는 코카콜라 광고와 관련된 비화가 있다. 이런 모습으로 코카콜라 광고에 산타클로스가 등장했기 때문이다. 코카콜라의 광고가 전 세계로 확산되면서 산타클로스도 함께 전파된 것이다. 오늘날 우리가 알고 있는 친근한 산타할아버지의 이미지는 바로 코카콜라 광고 속 산타클로스였다. 어떻게 코카콜라 광고에 산타할아버지 이미지가 탄생하게 되었는지 비하인드 스토리를 알아보자.

코카콜라는 2021년 2분기 매출액 101억 달러, 영업이익 30억 달러를 기록하며 여전히 업계 1위 자리를 유지하고 있는 글로벌 기업이다. 콜라의 탄생은 19세기로 거슬러 올라간다. 1886년 미국 애틀랜타에서 약국을 운영하는 약제사인 존 펨버턴(John Stith Pemberton, 1831~1888)이 감기 두통약을 만들기 위해 연구하던 중 코카의 잎, 콜라의 열매, 카페인 등을 혼합한 것에 탄산수를 넣었더니 독특한 맛의 음료가 탄생했 다. 펨버턴은 지인들을 불러 이 검은 음료를 시음해보도록 했는데

코카콜라의 산타클로스 광고 트럭

반응이 좋았다. 그래서 검은 탄산수 콜라를 만들어 약국에서 팔기 시작했다. 이것이 콜라의 탄생이자 판매의 시작이며 코카콜라란 이름도 이때 정해졌다. 코카콜라는 초기에는 하루에 9잔, 1년 동안 판매액은 고작 50달러였다. 그래서 펨버턴은 1887년 코카콜라 판매 등에 대한 모든 권리를 약제상인 에이서 캔들러(Asa Griggs Candler, 1851~1929)에게 2,300달러(당시 약 122만 원 정도)에 매각한다. 캔들러는 1892년 코카콜라 회사를 설립하고 코카콜라 이름을 특허청에 등록해 전국적으로 판매하기 시작하면서 인지도를 높여갔다. 하지만 캔들러도 1919년에 애틀랜타 사업가인 어니스트 우드러프(Ernest Woodruff, 1863~1944)에게 회사를 판다. 이후 코카콜라는 우드러프 부자(父子)로 사업이 이어지면서 전 세계로 확장되어 오늘날까지 약 130년이 넘는 전통을 이어오고 있다.

이렇게 오랫동안 코카콜라가 글로벌 기업으로 살아남을 수 있었던 것은 광고의 몫이 크다. 그중 유명한 것이 산타클로스 광고다. 오늘날 우리가 알고 있는 산타클로스의 이미지를 만든 주인공이 바로 코카콜라의 산타클로스 광고이기 때문이다. 코카콜라가 산타클로스 광고를 시작한 것은 겨울철이면 매출이 하락되는 것을 막기 위해서였다. 청량음료이다 보니 여름철에만 마시는 계절 음료라는 인식으로 인해 겨울철에는 잘 팔리지 않았다. 그래서 추운 겨울에도 상쾌하게 마실 수 있는 음료라는 메시지를 전달하기 위해서 겨울의 상징인 산타클로스를 등장시키는 광고를 시작했다. 오늘날과 같은 산타클로스의 이미지 광고는 1931년 화가 해돈 선드블럼(Haddon Sundblom)이 만들었다. 코카콜라는 크리스마스 광고를 제작하기 위해 선드블럼에게 좀 더 현실적이면서 상징적이고 긍정적인 산타클로스의 모습을 그려달라고 요청했다. 선드블럼은 산타클로스 캐릭터를 만들면서 신학자 클레먼트 클라크 무어(Clement Clark Moore)의 시 '니콜라스 성인의 방문(A Visit from St. Nicholas)'에서 영감을 받는다. 그 시는 여덟 마리 순록이 끄는 썰매를 탄 산타클로스가 크리스마스 전날 사람들에게 선물을 주러 다니는 모습을 묘사하고 있다. 그래서 그가 그려낸 산타클로스는 따뜻하고 행복해 보이는 캐릭터로, 발그레한 볼과 길고 흰 수염에 반짝이는 눈을 가진 다소 귀여운 할아버지의 모습이었다. 시에서 영감을 얻어 창조한 인물이지만 현실성을 띠기 위해서는 실제 모델도 필요하다. 그래서 그가 모델로 삼은 인물은 친구이자 은퇴한 세일즈맨 루 프렌티스(Lou Prentiss)였다. 프렌티스가 세상을 떠난 후에는 자신의 얼굴을 직접 모델로 삼아 거울을 보며 그렸다고도 한다. 이렇게 해서 완성된 산타클로스 그림은 매해 달라진다. 선드블럼은 코카콜라 광고를 위해 1931년부터 1964년까지 산타클로스를 그렸다. 산타클로스의 모습은 다양했고 함께 등장하는 인물도 달라졌다.

하지만 산타클로스가 코카콜라 광고에 등장한 것은 1920년대부터였다. 1922년에 'Thirst Knows No Season(갈증에는 계절이 없다)'이라는 슬로건으로 광고를 시작하고 초록색 옷을 입은 산타클로스를 등장시켰다. 1930년에는 화가 프레드 미젠(Fred Mizen)이 그린 코카콜라를 마시는 산타클로스 광고가 진행되기도 했는데, 이때까지만 해도 광고 효과는 미미했다. 선드블럼의 산타클로스 광고가 나가면서 엄청난 시너지 효과가 나타났고, 그 결과 전 세계로 파급되어 산타클로스 이미지가 확립될 수 있었던 것이다.

그렇다면 산타클로스는 어떻게 해서 크리스마스의 상징이 된 것일까? 산타클로스는 서기 280년 무렵의 실존 인물인 '성 니콜라스(Saint Nicholas)'에서 유래한다. 지금의 터키 지역에서 태어났고 주교였던 그는 남몰래 많은 선행을 베풀어 그가 세상을 떠난 후 주변 사람들에 의해 그의 일들이 세상에 알려졌다. 그래서 그의 기일인 12월 6일과 그 전날 밤에 아이들에게 과자와 사탕을 주는 전통이 생겨났다. 아이들은 그의 기일만 되면 집 밖에 신발을 두고 그가 과자와 사탕을 주고 갈 것이라고 믿었다. 이런 전통이 크리스마스의 산타클로스로 이어

토머스 내스트가 그린 〈즐거운 산타클로스〉

진 것이다. 우리가 알고 있는 산타클로스 이야기는 이미 빅토리아시대부터 미국에서 많은 시와 단편에 등장하기 시작했다. 그리고 화가 토머스 내스트(Thomas Nast, 1840~1902)는 1863년에 잡지 《하퍼스 위클리》에 오늘날과 유사한 산타클로스를 그렸다. 또한 그가 1881년에 그린 〈즐거운 산타클로스(Merry Old Santa)〉'를 보면, 산타클로스가 홍조를 띤 채 빨간 옷을 입고 파이프를 들고 있다.

산타클로스는 선드블럼이 새롭게 창조했다기보다는 이전부터 있어 왔던 이미지를 달리 해석해서 만들어낸 것으로 볼 수 있다. 이 산타클로스가 코카콜라 광고와 합쳐지면서 코카콜라는 엄청난 성장을 이룰 수 있었고, 아울러 전 세계 어린이들은 푸근하고 맘씨 좋은 산타할아버지의 모습을 알 수 있게 되었다. 한 기업의 광고가 전 세계 어린이들에게 꿈과 희망을 선사해준 셈인데, 기업 광고의 효과가 대단하다는 것을 새삼 알 수 있다.

참고 자료

『MUST KNOW 세계 100대 기업』(김민주 지음, 미래의창) / 「코카콜라와 산타클로스」(《조선일보》, 2014.12.16) / 「'세계인의 산타' 코카콜라서 시작됐다」(《조선비즈》, 2010.12.22) / 「산타클로스와 코카콜라에 대해 전혀 알지 못했던 다섯 가지」(코카콜라 홈페이지) / 「코카콜라가 현대적 산타클로스 이미지를 창조했다고?」(《주간동아》, 2019.12.23) / 「'메리 크리스마스' 산타클로스에 대한 오해와 진실」(《문화뉴스》, 2020.12.24) / 「우리가 알고 있는 후덕한 산타클로스의 모습은 코카콜라가 만들었다」(《인사이트》, 2018.12.10) / 코카콜라, 네이버 세계브랜드백과

화를 내면 가격이 내려가는
스니커즈 헝거리즘

화나는 일이 있거나 기분이 우울해지면 당이 당긴다는 말을 한다. 스트레스를 받으면 달콤한 음식이 생각나는데 왜 그럴까? 달콤한 음식을 먹으면 바로 뇌에 에너지를 공급해서 스트레스를 진정시켜주기 때문이다. 당 성분은 뇌의 중추신경을 자극하여 세로토닌과 도파민의 분비를 돕는데, 세로토닌과 도파민은 심리적 안정감을 향상시켜서 일시적으로 스트레스를 줄여주는 기능을 한다. 그래서 정신적으로 힘든 때일수록 단음식이 당기는 것이다. 이런 사람의 감정을 이용한 마케팅을 해서 성공한 사례가 있다. 오스트레일리아 마즈(Mars)사의 스니커즈 헝거리듬 캠페인이다.

스니커즈란 캐주얼화를 지칭하기도 하고, 초콜릿바의 브랜드명이기도 한데 영문 철자가 다르다. 스니커즈(Sneakers)는 밑창이 고무로 된 신발이었는데, 이제는 운동화뿐 아니라 캐주얼한 구두까지 포함한 신발을 가리킨다. 이 말은 살금살금 걷는다(Sneak)에서 유래한다. 두 번째 스니커즈(Snickers)는 캐러멜과 견과류가 들어간 누가에 초콜릿을 입힌 기다란 직사각형 모양으로, 미국 마즈사가 전 세계에서 판매하고 있는 초콜릿바의 이름이다.

마즈사는 1911년 창업자 프랭클린 클래런스 마즈(Franklin Clarence Mars, 1883~1934)가 워싱턴주 타코마에서 사탕 공장을 시작했으나 실패하고 1920년에 다시 설립한 회사에서 시작된다. 마즈사는 초콜릿과 사탕 제품을 만들어 판매하면서 밀키웨이 등을 출시하여 인기를 끌었다. 1930년에 초콜릿바 스니

마즈사의 스니커즈

커즈가 첫 출시되어 지금까지 대표 상품으로 인기를 유지하고 있다.

오스트레일리아 마즈사는 독특한 광고 마케팅을 시도해 호응을 얻고 있는데, 그것은 스니커즈 헝거리듬(Hungerithm)이다. 헝거리듬은 배고픔을 뜻하는 헝거(Hunger)와 알고리즘(Algorithm)의 합성어다. 이는 트위터 등 SNS의 내용을 분석해서 사람들의 불쾌지수에 따라 스니커즈의 가격을 할인해주는 마케팅이다. 마즈사의 대표 슬로건인 '출출할 때 넌, 네가 아니야(You're Not You When You're Hungry)'는 배가 고프면 일에 집중하지 못하고 때로는 화까지 나는데, 이때의 나는 원래의 내가 아니라는 의미다. 이 슬로건에서 힌트를 얻어 사람들이 배가 고프면 화를 더 많이 낸다는 점에 착안해서 헝거리듬이 탄생되었다. 그럼 스니커즈 헝거리듬 마케팅은 어떤 과정으로 진행되는 것일까?

마즈사는 빅데이터를 활용한 이 마케팅을 편의점 기업인 세븐일레븐과 공동으로 시행했다. 사람들이 SNS를 통해 자신의 감정을 적극 표현하고 있다는 점을 이용한 것으로, 인터넷을 통해 사람들의 감정 상태를 수집·분석한 후 그에 맞게 스니커즈 가격을 조정하는 캠페인이다. SNS에서 화나 분노, 짜증의 글이 많아질수록 스니커즈 가격을 내렸다. 사람들은 화가 날

때 당이 당긴다는 것에 착안한 것이다.

자료 수집 대상은 페이스북, 트위터, 유튜브 등 SNS뿐 아니라 비디오 채널, 뉴스 등 다양하다. 계속 업로드되는 글을 바로 분석해서 사람들의 감정을 파악하고, 그 결과를 스니커즈의 가격에 반영한다. 하루에 약 1만 4,000여 개의 게시글을 분석했는데, 이때 사용된 통계 시스템은 반어법과 은어까지 인식할 수 있어서 꽤 정밀한 분석이 가능하다. 통계 시스템은 MIT와 구글의 도움으로 개발한 커스터마이즈 알고리즘을 이용했다. 긍정적, 부정적 감성 어휘를 매칭해 사람들의 감정 수준을 10단계로 평가하는데, 사람들의 불만지수가 높아지면 가격의 할인폭이 높아지도록 설정하고 이를 앱을 통해 실시간으로 공지한다. 예를 들면 사람들의 감정이 '꽤 편안함(PRETTY CHILL)'이면 가격은 1.75달러, '미쳐버림(LOSING IT)'이면 가격이 0.5달러까지 떨어진다. 최대로 떨어졌을 때는 무려 82퍼센트 할인된 가격에도 살 수 있었다.

이 캠페인은 오스트레일리아 전역에 있는 630여 개 세븐일레븐 편의점과 협업해 5주간 진행되었다. 당시 세븐일레븐에서 스니커즈의 가격은 1.5달러였지만, 캠페인이 진행되는 동안 가격은 하루에 140번 넘게 변동되기도 했다. 인기 드라마에서 주인공에게 비극적인 일이 일어나면 사람들은 SNS에 짜

증과 분노의 글을 올려서 스니커즈 가격이 59센트로 하락했으며, 당시 미국 대통령 공화당 후보로 도널드 트럼프가 확정되었다는 뉴스가 올라온 날에는 50센트까지 곤두박질치기도 했다. 5주간 캠페인이 진행되는 동안 스니커즈의 가격은 무려 5,000번 이상 요동쳤다고 한다.

스니커즈 헝거리듬 캠페인에 참여하는 방법은 매우 간단하다. 스니커즈 홈페이지에 들어가 'GET A SNICKERS' 버튼을 클릭한 뒤 바코드를 다운받고 가까운 세븐일레븐 어디든 가서 바코드를 보여주면 싼 가격에 스니커즈 초콜릿바를 살 수 있다. 스니커즈의 마케팅 매니저인 러네이 루잉턴(Renee Lewington)은 이 캠페인에 대해 "힘들고 지칠 때 스니커즈가 항상 옆에 있다는 메시지가 고객들에게 전해졌으면 좋겠다"고 말했다. 스니커즈 헝거리듬은 사람들이 힘들고 지칠 때 위로를 전하기 위한 마케팅인 것이다. 감정 조절이 힘들 때마다 스니커즈를 찾게 되는 마케팅인 셈인데, 이 광고의 효과는 어느 정도였을까?

캠페인 기간 동안 오스트레일리아에서 스니커즈의 매출은 67퍼센트나 증가했고, 헝거리듬 캠페인은 전 세계 매체에 3000만 번 이상 노출되는 등 엄청난 성과를 보였다. 또한 오스트레일리아 이후 미국과 유럽, 아시아 등지에서도 스니커즈 헝거리듬 캠페인이 진행되어 많은 호응을 얻었다. 미국 광고 전문지 《애드위크》는 스니커즈 헝거리듬 마케팅을 "올해의 가장 멋진 온오프라인 캠페인 중 하나"라며 극찬했다. 또한 2017년에는 아시아-태평양 지역의 우수한 마케팅 캠페인을 선정하는 탱그램 어워즈(TANGRAM Awards: 아시아 마케팅 효과 페스티벌)에서 수상작으로 선정되기도 했다.

참고 자료

「SNS 마케팅의 성공과 실패 사례: 마즈와 네슬레」(《소비자평가》, 2021.08.17) / 「빅데이터로 소비자와 만날 수 있는 마케팅 실체를 만들어라」(이성길 글, 《플래텀》, 2018.02.22) / 「美 트럼프 때문에 초콜릿 가격 대폭 인하한 회사」(박성지 글, 《인터비즈》, 2018.02.28) / 「빅데이터, 어떻게 마케팅에 활용해야 할까」(생각을 파는 사람 글, 《브런치》, 2019.11.08) / 「올해 아태 최고의 마케팅 캠페인 수상작은?」(《뉴델리경제》, 2017.09.28)

단 한 문장으로
롤스로이스 자동차를
품절시킨 광고인

"광고 일을 하고 싶습니다. 나이는 38세고 대학은 중퇴했습니다. 요리사, 세일즈맨, 외교관 생활을 했고, 한동안 농사도 지었습니다. 마케팅에 대해서 아는 것이 없고, 광고 카피도 써본 적이 없습니다. 하지만 광고 일이 재미있을 거 같아 직업으로 삼고 싶습니다. 연봉 5,000달러 정도면 만족합니다." 이런 구직 문구를 쓴 사람이 직장을 구했을까? 광고 경험이 없는데 어느 회사에서 그를 뽑을 수 있겠는가. 결국 직장을 구하지 못하자 그는 광고 회사를 차리고 광고계의 전설이 된다. 그는 '광고 천재', '광고계의 마술사', '현대 광고업의 아버지' 등으로 불리는 데이비드 오길비(David Ogilvy, 1911~1999)다.

오길비와 관련된 유명한 에피소드가 있다. 화창한 어느 봄 날 오길비가 길을 가고 있는데, 길거리 한쪽에서 시각장애인이 구걸을 하고 있었다. 그가 들고 있는 팻말에는 "나는 눈이 보이지 않습니다. 도와주세요(I am blind. Please help)"라고 적혀 있었다. 오길비는 그냥 지나치려다 앞에 놓인 빈 깡통이 눈에 들어왔다. 잠시 머뭇거리다가 그는 시각장애인에게 팻말 좀 잠깐 빌려달라고 했다. 오길비는 팻말의 뒤쪽에다가 글을 쓰고 시각장애인에게 자신이 써준 글이 보이도록 들고 있으라는 당부를 남기고 떠났다. 얼마 지나지 않아 깡통에는 돈이 가득 찼다. 지나가는 사람들마다 깡통에 돈을 넣고 간 것이다. 그래서 시각장애인이 지나가는 사람에게 팻말에 뭐라고 쓰여 있냐고 물었다. 그랬더니 "봄이 왔네요. 하지만 난 그걸 볼 수 없군요(It is spring, and I am blind)"라고 말했다. 한 줄의 메시지가 얼마나 큰 반향을 일으킬 수 있는지를 단적으로 보여주는 이야기다.

광고를 몰랐던 오길비는 어떻게 해서 20세기 최고의 카피라이터이자 광고 책임자로 유명해진 것일까? 오길비는 1911년 영국에서 태어나 아버지의 사업 실패로 불우한 유년 시절을 보내고 옥스퍼드대학에 진학했지만 우울증 등으로 낙제점을 받아 2학년 때 중퇴한다. 이후 여러 나라를 떠돌며 호텔 요리사, 주방 기구 세일즈맨으로 일했다. 그가 세일즈맨으로 일할 때 세일즈맨을 위한 가이드북을 만들었는데, 이를 계기로 광고의 중요성을 깨닫고 광고에 관심을 갖게 되었다. 그래서 이 가이드북 한 부를 런던에 있는 광고대행사 매더앤드크로우더(Mather & Crowther)에 보냈는데, 이를 계기로 스카우트되어 광고계에 입문할 수 있었다. 그는 얼마 뒤 매더앤드크로우더의 광고주 담당 영업간부 자리에까지 오른다. 하지만 영국의 광고업계에 만족하지 못한 오길비는 광고가 발달한 미국으로 이민을 간다. 미국에서 광고회사에 취업하려 했지만 실패하고 1938년 소비자조사회사 갤럽(Gallup)에 들어갔다. 여기서 그는 갤럽의 다양한 조사기법들을 배우고 미국인의 생활스타일과 심리구조도 알게 되었다. 이후 제2차 세계대전 중에는 잠깐 워싱턴의 영국대사관 정보보안 분석 업무를 맡기도 하고 전쟁 후에는 펜실베이니아 농장에서 농사를 짓기도 했다.

다양한 일을 거치면서 그에게 신념처럼 굳어진 것은 광고일이 자신의 천직이라는 것이다. 그래서 다시 광고일을 위해 취업을 시도했으나 38세의 나이에 광고 카피 한 번 쓴 적 없는 그를 채용하는 회사는 없었다. 그는 1948년 지인들과 함께 광고대행사인 휴잇·오길비·벤슨앤드매더(Hewitt·Ogilvy·Benson

& Mather, 지금의 오길비앤드매더)를 설립했다. 이후 그는 광고업에서는 늦깎이로 처음 광고 카피를 쓰기 시작해서 광고업계에서 신화를 만들어간다.

오길비가 대박을 터뜨린 광고 몇 가지를 보자. 1951년, 중소기업쯤 되는 해서웨이 셔츠 사장이 찾아와 사정을 하며 광고를 청했다. 오래된 역사를 가진 셔츠 회사임에도 대형 의류업체들로 인해 위기를 맞고 있었다. 오길비는 그의 사정을 뿌리칠 수 없어 광고를 만들었다. 광고에는 한쪽 눈에 검은색 안대를 한 귀족풍의 남자가 헤서웨이 셔츠를 입고 포즈를 취하고 있다. 헤드라인 카피는 '해서웨이 셔츠를 입은 남자(The man in the Hathaway shirt)'로 군더더기 없이 단순했다. 이 광고는 폭발적인 반응을 일으켰는데, 왜일까? 오길비는 남자의 셔츠를 사는 사람은 여자이므로 그들의 심리에 초점을 맞췄다. 안대는 상상과 호기심을 불러일으켰고 해적 분위기는 힘센 남자를 상징했는데, 이것이 여성의 마음을 끌었다. 해서웨이 셔츠는 광고 일주일 만에 재고가 바닥났고 그해 매출이 3배나 뛰었다.

가장 큰 업적은 1960년 롤스로이스 자동차 광고다. '시속 60마일로 달리는 롤스로이스 안에서 들리는 제일 큰 소음은 전자시계 소리다.' 이 한 줄의 광고로 롤스로이스는 품절되었다. 광고에는 슈퍼마켓 앞에 세워진 롤스로이스의 운전석에는 여

성이 앉아있고 아이들이 슈퍼마켓에서 식료품을 사서 나오
는 평화로운 장면이 연출되어 있으며, 그 밑에 헤드 카피가 있
다. 이는 평화로운 가족의 일상적 모습을 통해 당시 미국 사회
의 풍요로움을 상징적으로 보여준다. 이러한 광고가 쉽게 나
온 것은 아니다. 오길비는 수많은 자료와 정보를 찾고 자동차
기술자들을 만나 그들의 얘기를 듣고서 만들어낸 결과물이다.
또 하나 유명한 광고로는 도브가 있다. 당시 도브 비누는 인지
도가 낮았으나 오길비의 광고 덕에 유명 브랜드가 되었다. 그

는 비누 제조법 등을 연구하면서 광고 카피를 만들었다. '도브는 4분의 1이 클렌징크림이다. 세안하는 동안 피부에 크림을 발라보자.' 이 광고로 도브 비누는 히트를 치고 세계 1위의 비누 브랜드가 되었다.

오길비가 만든 광고 중심에는 소비자의 관점이 있었다. 소비자의 눈으로 보고 듣고 연구한 결과 소비자의 욕구나 부족한 부분을 광고로 채워냈다. 그의 광고 철학은 '무조건 팔아라'이다. 아무리 잘 만든 광고라도 팔리지 않으면 쓰레기일 수밖에 없다. 팔기 위한 광고를 만들려면 소비자를 설득해서 사도록 하는 것이 광고의 존재 가치임을 강조한 말이다.

참고 자료

「오길비, 브랜드 이미지의 탄생(여현준 글, 《슬로우뉴스》, 2016.11.10) / 『나는 광고로 세상을 움직였다』(데이비드 오길비 지음, 다산북스) / 「감언이설의 반대말, 오길비」(《주간동아》, 2019.07.15) / 『무조건 팔아라』(케네스 로먼 지음, 민음사) / 「'광고 천재' 오길비… "소비자 마음을 빼앗아라"」(《한경뉴스》, 2013.10.18) / 「소비 세상, 광고와 잠들고 오길비와 깨다」(《한겨레》, 2008.04.11) / 「현대 광고의 아버지 오길비」(《디지털타임즈》 2008.07.02) / 「문장 하나로 롤스로이스 품절시킨 남자」(《매일경제》, 2013.01.14) / 데이비드 오길비, 네이버 해외저자사전 / 데이비드 오길비, 네이버 10명의 천재 카피라이터

독일 최고층 건물에 초대형 스와치 시계가 걸린 이유

예전 시계는 바늘로 시간을 표시하는 아날로그시계가 대부분이었는데, 이 시계는 시곗바늘이 움직이며 째깍째깍 소리를 냈다. 좀 산다는 집에는 길이가 어린 아이 크기만 한 괘종시계가 거실에 걸려 있었다. 하지만 지금은 시간을 더 정확하게 알려준다는 디지털시계가 주류로 자리 잡았다. 전자제품에는 대부분 숫자로 시간을 알려주는 디지털시계가 내장되어 있고 스마트폰이 필수품이 되면서 손목시계를 차지 않는 사람이 많아졌다. 그러다 보니 누구나 시계를 차던 시대에서 선택적으로 시계를 차는 시대가 되었고, 상대적으로 값이 비싼 시계는 싼 시계로 인해 가격경쟁에서 밀려났다. 특히 고가의 스위스 시계는 아시아에서 저렴한 시계가 나오면서 1980년대에 이미 위기를 맞았다. 그러자 스위스의 시계 회사들은 위기 상황에서 벗어날 방법을 찾기 시작한다. 다시 살아나기 위한 스위스 시계 회사들의 광고 전략은 어떠했는지 알아보자.

14세기경 유럽에서 세계 최초의 기계식 시계가 나오면서 시간을 정확하게 맞추는 시계 기술은 중세는 물론 근세까지 유럽에서 상당히 고급스러운 기술로 여겨졌다. 시계 공업의 발달 수준이 그 나라의 제조기술 수준이라고 여겨질 정도였다. 특히 스위스에서 만드는 정교하고 아름다운 시계는 장인의 작품이라는 인식이 강해 비싸다는 평가에도 부유층에서 선호하여 꾸준히 팔려나갔다.

하지만 1980년대 들어 일본을 비롯한 아시아에서 건전지로 작동하는 시계가 싼값에 출시되면서 스위스 시계업계는 일대 위기에 처한다. 태엽을 감아야 작동하는 기계식 시계와 달리 전자식 시계인 쿼츠(Quartz)시계는 건전지로 작동해서 간편하고 값이 쌀 뿐 아니라 시간도 정확했다. 그런데 일반적으로 디지털시계는 대부분 쿼츠시계고, 아날로그시계는 쿼츠시계와 기계식 시계로 구분한다.

쿼츠시계 기술 때문에 설 자리를 잃어가던 스위스 시계업계는 살아날 방법을 모색한다. 그 결과 1983년 니컬러스 하이에크(Nicolas Hayek, 1928~2010)가 중심이 되어 두 번째 시계(Second Watch)라는 뜻의 스와치(Swatch) 브랜드를 출범했다. 당시 컨설팅업체 하이에크 엔지니어링을 경영하던 하이에크는 스위스 시계사 가운데 중요한 두 회사인 스위스 시계산업연합(AGUAG)과 1931년 설립되어 티쏘(Tissot)와 오메가(Omega)를 보유한 시계산업스위스협회(SSIH)를 인수한 뒤 1983년 스위스 마이크로일렉트로닉스 시계제조산업 주식회사(SMH)를 창립한다. 그리고 고성능에 예술성까지 갖추었지만 가격은 적정한 스와치 시계를 출시한 것이다.

스와치는 스위스 장인이 만들어 정교하고 고품격이지만 예전의 스위스 시계와 달리 누구나 부담 없이 살 수 있다는 것을 널리 홍보할 방법을 강구한다. 그래서 나온 아이디어가 엄청나게 큰 시계를 만들어 전 세계에 알리자는 것이다. 스와치 경영진은 독일 프랑크푸르트에 있는 코메르츠은행 본사 건물에 시계를 설치하는 것이 효과적이라고 판단했다. 코메르츠은행 본사는 2000년대 초반까지 유럽에서 가장 높은 건물로 기록되었으며 독일을 대표하는 상징적 건축물로 손꼽힌다.

하지만 건물에 엄청나게 큰 시계를 매달려면 먼저 건물 주인의 승낙을 받아야 한다. 그래서 스와치는 기존의 방법이 아

코메르츠은행 건물에 걸린 대형 시계(1984)

닌 새로운 아이디어로 접근했다. 코메르츠은행 담당자를 만나
협상하는 것이 아니라 코메르츠은행 건물에 대형 시계를 설치
하면 고객이 어떻게 생각할지에 대한 설문 조사부터 했다. 조

사결과 거부감보다는 뭔가 인간적으로 느껴질 것이라는 고객들의 응답이 나왔다. 스와치는 바로 시 담당자를 찾아가 건물에 시계를 설치해도 좋다는 허가를 받아냈다. 여기까지 용의주도하게 실행해서 결과를 얻은 스와치는 마지막으로 코메르츠은행 회장을 만나러 갔다. 회장은 선뜻 응하지 않았으나 스와치의 꼼꼼한 준비와 노력에 감동하여 결국 승인한다.

마침내 1984년 시곗줄을 포함해 길이가 162미터에 이르고 무게가 13톤이며 실제로 작동하는 금빛 스와치 시계를 은행 건물 외벽에 설치했다. 시계에는 제조회사, 원산지, 시계 가격인 '스와치, 스위스, 60마르크'라는 세 가지 단어가 새겨졌다. 이 대형 시계는 세계에서 가장 큰 시계로 기네스북에 올랐을 뿐 아니라, 영국 런던에 있는 국회의사당 하원 시계탑의 대형 시계 빅벤(Big Ben)이 영국을 상징하듯이 독일의 상징물이 되었다. 엄청난 노력과 투자가 필요한 광고였지만, 기업의 이미지를 알리는 단순한 광고 효과를 넘어 한 나라의 상징물로 길이 기억될 시계 제품이 된 것이다.

스와치는 이 같은 성공을 바탕으로 1998년 회사 이름을 SMH에서 스와치그룹으로 바꾼 뒤 현재 명품 반열에 오른 브레게(Breguet), 오메가, 블랑팡(Blanpain) 등은 물론 베이식 라인인 스와치, 플릭플락(Flik Flak)까지 시계 브랜드 19개를 보유하며 세계 최대 완성품 시계 생산·유통업체가 되었다. 또한 오메가가 올림픽 공식 시계이듯이 스와치는 월드컵경기에서 공식 스폰서로 활동하고 있다.

하지만 기계식 시계를 밀어내고 결과적으로 스와치그룹까지 이끌어낸 쿼츠시계도 이제는 스마트폰이나 스마트워치 같은 웨어러블 디바이스(Wearable Devices: 몸에 부착하거나 착용하여 사용하는 전자장치)의 등장으로 기계식 시계와 같은 처지에 놓이게 되었다. 하지만 동력을 충전해줘야 하는 기계식 시계나 배터리를 자주 충전해야 하는 스마트워치와 달리 오랜 시간 편리하게 사용할 수 있어 아직은 쿼츠시계를 이용하는 사람들이 있다. 게다가 쿼츠시계는 스마트워치보다 싸고 내구성이 뛰어나다.

어떤 형태로든 사람이 살아가는 데 꼭 필요한 존재인 시계는 하나에 몇천만 원에 달하는 명품에서부터 몇만 원에 불과한 대중적인 것까지 종류나 등급이 천차만별이지만 '시간'을 알려준다는 기능 면에서는 차이가 없다.

참고 자료

『시계 이야기』(정희경 지음, 그책) / 스와치, 네이버 세계브랜드백과 / 코메르츠은행, 두산백과

입냄새로 공포를 조성해
성공한 리스테린

누군가와 대화하는데 상대방이 자꾸 손으로 입을 가리거나 얼굴을 찡그리는 것 같으면 순간 '나한테서 입냄새가 나나?' 하면서 당황하게 된다. 나는 잘 모르는데 상대가 먼저 알아차리기 십상인 입냄새 때문에 남모르게 고민하는 사람이 많다. 양치질을 해서 문제가 해결되면 좋겠지만 그렇지 않은 경우도 있다 보니 입냄새 때문에 병원을 찾는 사람도 있고, 어떻게 하면 입냄새가 나지 않게 하는지에 대한 다양한 방법도 인터넷에 떠돌고 있다. 그런데 이런 사람들의 불안한 심리를 이용해 성공한 기업이 있다.

입냄새는 대개 주변 사람에게 불쾌감을 주므로 사회생활에 지장을 받기도 하지만 본인은 잘 모르는 경우가 많다. 입냄새는 현대뿐 아니라 고대에도 문제가 되었다. 그래서 기원전 400년경 그리스의 의학자 히포크라테스(Hippocrates, 기원전 460?~기원전 377?)는 약초로 구강청정제를 만들었으며, 포도주로 입냄새를 줄이려는 시도까지 했다.

그런데 입냄새는 왜 나는 것일까? 가장 흔하게는 잇몸에 염증이 있거나 충치 때문에 생긴다. 또 마늘, 양파, 겨자, 파슬리 같은 음식을 먹으면 일시적으로 입냄새가 나기도 한다. 그리고 몸에 병이 있을 때, 알코올이나 신경안정제 같은 약을 먹었을 때는 물론 아침에 일어났을 때나 스트레스가 심할 때도 입냄새가 난다. 담배 또한 입냄새를 유발하는 물질 중 하나로 지목되고 있다. 그래서 입냄새를 없애는 다양한 방법이 알려져 있는데 구강청결제도 그중 하나다. 특히 리스테린(Listerine)은 최초로 입냄새에 대한 부정적 인식을 심어줌으로써 구강청결제 제품 중 세계 판매 1위를 자랑하는 기업이 되었다.

그렇다면 리스테린은 어떻게 구강청결제를 만들게 되었을까? 1865년 영국의 외과의사 조지프 리스터(Joseph Lister, 1827~1912)가 최초로 살균된 수술실에서 수술을 집도했다. 리스터는 미생물학의 아버지로 불리는 루이 파스퇴르(Louis

Pasteur, 1822~1895)가 내세운 눈에 보이지 않는 세균이 수많은 감염의 원인이라는 이론에서 영감을 받아 살균 작업을 하게 된 것이다. 그는 수술을 시작하기 전에 소독약을 공기 중에 퍼지게 하는 방식으로 수술실을 살균했는데, 이로써 수술 중 사망률이 대폭 떨어졌다고 한다.

리스터의 수술실 살균 작업에서 영감을 받은 외과의사 조지프 로렌스(Joseph Lawrence)와 존슨앤드존슨사의 창립자 로버트 우드 존슨(Robert Wood Johnson, 1845~1910)은 1879년 외과수술과 상처 소독에 쓸 소독약으로 리스테린을 개발한다. 리스테린은 처음에는 다목적 살균소독제로 홍보했으며, 1914년에는 미국 최초로 처방전 없이 판매하게 되었다. 그래서 사람들은 발을 닦거나 심지어 바닥을 청소하는 데도 리스테린을 사용했다.

1920년대 들어서면 리스테린이 입에 넣어도 해가 없다는 특성을 살려 입냄새를 막는 제품임을 강조한 광고를 한다. 하지만 당시 사람들은 대부분 자신의 입냄새가 괜찮다고 여겼으므로 제품이 잘 팔리지 않았다. 그러자 리스테린은 입냄새를 핼리토시스(Halitosis), 즉 입에 생기는 병이라고 하면서 "아이들이 당신을 좋아하지 않나요", "한 번 들러리는 영원한 들러리", "당신은 이 병에 걸린 걸 알 길이 없습니다. 사람들이 당신에 대해 뒷담화를 합니다"와 같은 문구로 광고하며 사람들

리스테린 광고(1925)

에게 입냄새에 대한 공포를 심어주었다. 입냄새 때문에 알게
모르게 다른 사람들에게 따돌림을 받는 건 아닌지 불안해진
사람들이 너도나도 리스테린으로 가글을 하게 됨에 따라 리스
테린 판매량이 폭발적으로 늘어났다. 그래서 1921년 10만 달
러가 조금 넘었던 연 매출액이 1927년 400만 달러로 증가했
다. 일종의 공포 마케팅 전략이 성공을 거둔 셈이다. 2006년
리스테린 측은 리스테린으로 가글하면 양치질만 하는 것보다

치석을 최대 52퍼센트까지 더 제거한다고 발표하면서 사람들의 소비 심리를 자극했다.

이렇게만 보면 음식을 먹을 때마다 번거롭게 양치질을 하지 않고 구강청결제로 가글만 해도 될 것 같지만 이에 대한 반론도 만만치 않다. 구강청결제가 오랫동안 사용되어온 만큼 안전성은 어느 정도 입증되었지만 양치를 대신할 만큼 효과적이지 않은데도 양치는 하지 않은 채 구강청결제에 의존하는 이들도 있기 때문이다. 일부에서는 구강청결제가 구강암을 촉진한다고 주장한다. 미국식품의약국(FDA)이나 미국치과의사협회(ADA)에서는 구강청결제에 사용된 알코올과 구강암 사이에 역학적인 인과관계가 없다고 했지만 영국《데일리메일》온라인은 스코틀랜드 글래스고치과대학 연구팀의 연구 결과를 바탕으로 하루 세 번 이상 구강청결제를 사용하면 구강암 발병 위험이 커진다고 보도했다.

미국 하버드대학 연구팀은 구강청결제를 하루 두 번 이상 사용하면 제2형 당뇨병(주로 당 섭취를 많이 한 성인들이 인슐린 저항성이 커지면서 혈당이 높아져 생기는 병)에 걸릴 위험이 커진다고 발표했다. 이들은 구강청결제가 유해균뿐 아니라 비만, 당뇨병을 억제하는 유익균도 죽인다며 구강청결제는 하루 한 번만 사용하는 것을 권장했다. 또 구강청결제에 포함된 알코올이나 항균 물질이 구강 건조증을 불러오거나 잘못 사용하면 오히려 입냄새를 악화할 수 있다며 무알코올 제품을 사용하는 이들도 있다. 전문가들은 각종 구강청결제가 사용하기는 간편하지만 입냄새를 잠깐 없애줄 뿐 근본적으로 치료해주는 효과가 있는 것은 아니라고 한다.

영화 〈슈렉〉에서 주인공 슈렉은 징그러운 벌레들을 먹다 보니 입냄새가 심하다. 슈렉이 입냄새로 사람을 공격하기도 해서 사람들은 슈렉의 입냄새를 싫어하지만 피오나 공주만은 향기롭다고 한다. 입냄새가 향기롭다고 느껴지든 불쾌하게 느껴지든 사회생활을 하는 데 지장이 있다면 먼저 제대로 치료하고 구강청결제는 보조적으로 사용하는 건 어떨까.

참고 자료

입냄새, 국가건강정보포털 의학정보 / 「양치질로도 사라지지 않는 입냄새, 원인은 뭐?」(《가톨릭중앙의료원 건강칼럼》, 여의도성모병원) / 「구강청결제 리스테린·가그린… "세균 없애고 암 키운다?"」(《조선일보》, 2014.04.30) / 「구강청결제, 하루 2번 이상 쓰면 당뇨병 위험 높아진다」(《한국일보》, 2017.11.27) / 리스테린 홈페이지 브랜드 소개

2등 광고 마케팅으로 대박난 렌터카 회사

개그 프로그램에서 한 개그맨이 "1등만 기억하는 더러운 세상"이라고 한 말이 유행하면서 여기저기서 이를 패러디한 적이 있다. 우리는 어릴 때부터 1등이 좋은 것이니 1등이 되어야한다고 닦달을 당했다. 운동경기에서도 1등을 해서 금메달을따야 하는 것처럼 내몰렸다. 그러다 보니 정정당당한 2등보다비겁한 1등이 대우받는 일도 있었다. 그나마 요즘은 1등을 하지 못해도 격려를 받고 응원의 말을 듣는 세상이 되고 있어서다행이다. 경쟁자를 이겨야만 살아남을 수 있다고 믿는 정글같은 기업계에서도 2등임을 솔직히 인정해 오히려 박수를 받고 실적이 오른 기업이 있다.

렌터카(Rent-a-car)는 차가 필요한 사람에게 단기간 차를 유상으로 빌려주는 제도로 1920년대 미국에서 처음 시작되어 전 세계로 퍼졌다. 미국의 조 손더스(Joe Saunders)가 오마하주 네브라스카 지역에서 자신이 보유한 포드차를 빌려주기 시작했는데 이것이 렌터카의 효시로 본다. 이후 월터 제이콥스(Walter L. Jacobs)가 시카고에서 자동차 임대 사업을 시작했다가 존 허츠(John Hertz)에게 이 사업을 넘겼다. 그의 이름을 딴 허츠(Hertz)는 1932년 시카고 미드웨이 공항에서 렌터카 서비스를 시작한다. 마침 항공기 여행이 증가하자 항공기와 연계한 자동차 임대 사업을 본격적으로 하면서 글로벌 렌터카 회사로 성장했고, 세계 최대 렌터카 회사가 되었다. 1950년대에 허츠는 프랑스와 캐나다 등에서도 서비스를 시작하는 등 다국적 기업으로 거듭났다.

렌터카 회사 에이비스(Avis)는 허츠보다 늦은 1946년 워런 에이비스(Warren Edward Avis, 1915~2007)가 미국 미시간주 입실랜티의 윌로우런 공항에서 처음 문을 열었다. 에이비스는 고객이 공항에서부터 차를 빌릴 수 있어야 한다는 데서 아이디어를 얻어 도심 지역이 아니라 공항에 사무실을 열었다. 1987년에는 업계 최초로 카운터 없는 무인 차 열쇠 반납 시스템을 도입했으며 1996년에는 온라인 예약 서비스를 처음 시작했다.

에이비스는 출발이 늦은 만큼 시장 점유율 또한 좋지 않았다. 선두주자 허츠가 70퍼센트를 넘는 시장 점유율을 차지하는 동안 에이비스는 엄청난 적자를 내며 겨우 유지하고 있었다. 그러자 1962년 에이비스의 CEO가 된 로버트 타운센드(Robert Townsend, 1920~1998)는 새로운 전략이 절실하다는 점을 피부로 느꼈다. 두 회사의 서비스는 큰 차이가 없는데도 시장 점유율이 큰 폭으로 차이 나는 까닭은 고객에게 브랜드 인지도가 낮기 때문이라고 판단하고, 타운센드는 대대적으로 광고를 하기로 계획한다. 그리고 판매에 집중하는 광고가 아니라 제품이나 회사의 진실을 가감 없이 전하는 것으로 이름난 광고대행사 DDB(Doyle Dane Bernbach)에게 광고 업무를 맡긴다. DDB에서는 독일의 자동차회사 폭스바겐의 자동차 비틀(Beetle) 광고를 맡아 작은 차 비틀의 형태에 초점을 맞춘 '작게 생각하다(Think Small)'라는 광고로 유명해진 디렉터 헬무트 크론(Helmut Krone, 1925~1996)에게 이 일을 맡겼다. DDB는 광고를 본격적으로 준비하기 전에 타운센드에게 한 가지 요구를 한다. 광고 제작 책임을 DDB에 전적으로 맡기고 전혀 간섭하지 않아야 한다는 것이다. 그러자 타운센드도 직원 전체가 지지하는 최고 아이디어로 독창적인 광고를 만들어달라고 DDB

에 요청했다.

이렇게 해서 일을 시작한 헬무트 크론은 먼저 에이비스 직원들을 만나 얘기를 들었다. 직원들은 위로 올라가려면 열심히 해야 한다거나 2등이니까 더 열심히 해야 한다고 얘기했다. 크론은 직원들이 한 말에서 아이디어를 얻어 '우리는 2등입니다. 그래서 더 열심히 합니다(We are No. 2. Therefore we work harder)'라는 광고 문구를 만들었다. 에이비스 경영진마저 못마땅해할 정도로 예상치 못한 너무 솔직한 고백이었다. 하지만 직원들은 2등임을 인정하고 더 열심히 일하고자 했다.

그 결과 에이비스는 1963년 320만 달러 적자에서 1964년 120만 달러 흑자로 돌아섰다. 그 뒤 4년에 걸쳐 미국 자동차 렌털시장에서 에이비스의 점유율은 3배로 늘어났고 허츠의 점유율은 기존의 70퍼센트대에서 45퍼센트까지 떨어졌다. 에이비스의 광고를 본 1등 허츠는 에이비스 광고에 한동안 아무런 대응도 하지 않았다. 하지만 시장 점유율이 떨어지는 등 에이비스 광고가 먹히자 기존에 광고를 대행하던 업체를 해약하고 신예 광고인을 영입해 에이비스 광고를 반박하는 광고를 냈다. 두 회사가 광고에 반박 광고로 대응하는 광고 전쟁을 벌인 것이다. 하지만 이는 소모전일 뿐이라는 것을 알기에 일단락되었지만 에이비스의 '2등 마케팅'은 지금도 광고계에 길이

남을 작품으로 평가되고 있다.

현재 미국의 렌터카 1위 업체는 허츠도 에이비스도 아닌 엔터프라이즈 홀딩스(Enterprise Holdings)다. 마치 어부지리(漁夫之利)라도 하듯이 두 업체 사이에서 야금야금 시장 점유율을 올리더니 마침내 최대 렌터카업체 자리에 오른 것이다. 그리고 점유율 1위를 자랑하던 허츠는 새로이 시장에 진입한 카셰어링(시간 단위로 자동차를 빌려주는 서비스)업체에 밀리고 코로나19로 손님마저 줄어들면서 도산 위기에 놓이게 되었다. 그러자 에이비스도 허츠와 같은 운명에 놓일지 전 세계 투자자들의 관심이 집중되고 있다. 하지만 에이비스는 경영진이 비용 절감·부채 상환 연장 등 위기에 대한 대비책을 미리 만들어놓았고 미래 시장 변화에 발 빠르게 대응하고 있어서 전망이 밝은 것으로 평가받는다.

참고 자료

「2등을 인정한 자동차 렌털업체, 오히려 득이 되다?」(《EBR 비하인드 스토리》, 2021.09.01) / 「실속 있는 2등 전략」(한국조폐공사, 2014.09.23) / 「에이비스(AVIS) vs 허츠(Hertz) 다른 이유」(《이코노믹리뷰》, 2020.06.23) / 「갈림길에 선 렌터카업체 에이비스」(《서울경제》, 2018.12.03) / 렌터카, 두산백과 / 허츠, 두산백과

염색약 회사로 보낸 편지 한 통에 숨겨진 비밀

사람들은 기분을 전환하고 싶거나 눈에 띄게 변신해서 마음을 다잡고 싶을 때 흔히 머리카락을 자르거나 염색한다. 머리 스타일을 바꿔 전과 다른 이미지로 보이고 싶기 때문이다. 그래서 갑자기 머리 모양이나 머리카락 색깔이 확 달라진 친구에게 신상에 무슨 변화가 있는지 조심스럽게 묻기도 한다. 염색할 때 머리카락이 검은색에 가까운 우리나라 사람들은 갈색 계통을 선호하지만 금발로 염색해 눈길을 사로잡는 이들도 있다. 하지만 미국만 해도 염색약 판매 초기에는 염색에 대한 부정적 인식이 강했다. 이런 머리 염색에 대한 부정적 인식을 광고 문구 하나로 긍정적 인식으로 바꿔 염색약 매출을 끌어올린 한 카피라이터 이야기가 전설처럼 전해온다.

그 카피라이터의 이야기를 하기 전에 염색의 역사를 살펴보자. 기원전 1500년경 아시리아인이 머리를 염색했다는 기록이 있다. 그리스인은 길고 곱슬곱슬한 머리를 밝은색으로 염색했으며 로마 남성들은 머리가 희끗희끗해지면 어두운색으로 염색했다. 16세기 영국에서는 많은 여성이 머리를 빨간색으로 염색하고 싶어했다. 이는 엘리자베스 1세의 머리카락이 빨간색이었기 때문이다. 1960년 후반에는 70퍼센트 가까운 미국 여성들이 머리색을 바꾸었는데, 이렇게 미국 여성들이 염색을 많이 하게 된 데는 숨겨진 이야기가 있다.

1931년 화학자이자 사업가인 미국인 로런스 겔브(Lawrence M. Gelb, 1898~1980)와 그의 아내 조앤 겔브(Joan Gelb)는 프랑스 파리를 여행하다가 한 가게에서 머리 염색약을 발견한다. 클레롤이라고 하는 이 염색약은 그때까지 미국에서 사용되던 머리 코팅제와 달리 부드럽고 자연스러운 색상에 머리카락 속까지 약물이 스며들어 염색 효과가 아주 좋았다. 겔브 부부는 클레롤(Clairol) 염색약을 수입해 미용실에 팔았다. 좋다는 입소문이 나면서 염색약이 잘 팔리자 겔브 부부는 아예 클레롤 회사를 인수해 사업 영역을 넓혔다. 집에서 혼자 염색할 수 있는 제품을 출시한 것이다.

하지만 당시 미국 사회에서는 품위 있는 여성은 염색을 하지 않는 것으로 생각했다. 주로 유흥업에 종사하는 여성이 염색한다는 인식이 있어서 염색을 하고 싶어도 할 수 없는 분위기였다. 이때 매릴린 먼로(Marilyn Monroe, 1926~1962) 같은 할리우드 유명 배우들이 흰색에 가까울 정도의 금발머리로 영화에 출연하자 많은 여성이 금발로 염색하고 싶어했다.

클레롤 염색회사는 염색을 부정적으로 보는 시선을 타파하기 위해 광고를 이용하기로 한다. 그래서 광고회사 FCB(Foote, Cone & Belding)에 염색약 광고 제작을 의뢰하면서 한 가지 조건을 내걸었다. 너무 드러내놓고 클레롤 염색약이 좋다는 식의 광고는 안 된다는 것이다. 다른 사람이 보았을 때 염색을 했는지 안 했는지 헷갈리지만 대놓고 물어볼 수 없을 만큼 자연스럽게 느껴지는 염색약 광고를 요구했다. 이 광고를 맡은 FCB의 유일한 여성 카피라이터 셜리 폴리코프(Shirley Polykoff, 1908~1998)는 고민이 컸다. 드러내놓고 광고하지 않는 것처럼 광고해달라는 것 자체가 모순이었기 때문이다.

폴리코프는 고민 끝에 금발 미녀 배우인 도리스 데이(Doris Day, 1922~2019)를 모델로 섭외했고, 광고면에 '저 여자 한 거야, 안 한 거야?(Does she⋯⋯, or doesn't she)'라는 문구는 크게,

셜리 폴리코프의 클레롤 염색약 광고(1958)

'염색한 걸까요? 아닐까요? 진실은 미용사만 알 수 있습니다 (Only her hairdresser knows for sure)'라는 문구는 작게 넣었다. 수많은 여성이 이 광고를 보고 용기를 얻어 염색약을 구매한 덕에 클레롤의 매출은 수직상승한다. 금발 머리가 되고 싶은 여성들의 마음을 폴리코프가 정확히 읽은 것이다. 폴리코프는 그 뒤 "인생을 한 번만 산다면…… 금발로 살게 해줘요", "금발이 더 재미있어?"와 같은 광고 문구를 계속 만들어냈다. 폴리코프의 광고가 나가기 시작한 지 6년 만에 염색한 여성의 비율이 7퍼센트에서 무려 50퍼센트 넘게 늘어났으며, 클레롤의 판매량은 4배 가량 증가했다. 미국 주간지 《타임》의 조사 결과, 캠페인 시작 11년 후인 1967년에는 여성 2명 중 1명이 클레롤을 사용한다고 응답했다.

이 연속 광고로 클레롤의 매출이 뛰어올랐다는 것은 그만큼 더 많은 여성이 염색을 드러내놓고 하게 되었다는 의미다. 이에 따라 회사 안에서 폴리코프의 지위도 높아져 그는 부사장 자리에까지 올랐다. 남자들의 주무대인 광고계에서 성공을 거둔 그는 수많은 여성의 롤모델이 되었고, 1967년에는 '올해의 여성 광고인'으로 뽑히기도 했다.

그런데 여기에는 한 가지 에피소드가 있다. 클레롤의 광고 덕분에 염색을 자유롭게 할 수 있게 된 많은 여성이 클레롤에 편지를 보내 고마움을 표했는데, 그중 28세의 여성이 보낸 사연이 직원들 눈에 띄었다. 사연을 보면, 이 여성은 남자친구와 사귄 지 5년이 되도록 남자친구가 결혼할 생각을 하지 않아 애태웠는데 어느 날 지하철에서 우연히 클레롤 염색약 광고를 본 뒤 금발로 염색했다고 한다. 그리고 금발이 된 덕에 남자친구에게서 청혼을 받아 결혼식을 올리고 지금은 행복하게 신혼을 보내고 있다는 내용이었다. 이 편지를 읽은 직원들은 모두 감동을 받아 더 열심히 일할 수 있었다.

많은 광고 문구로 여성들에게 용기를 준 카피라이터 폴리코프는 1973년 퇴직을 맞았고, 그를 위한 송별회 자리가 마련되었다. 이 자리에서 그는 그때 직원들에게 용기를 준 감동적인 편지를 기억하느냐고 물었고, 모두 그렇다고 고개를 끄덕였다. 그러자 폴리코프는 "사실 그 편지 제가 썼어요"라고 고백했다. 이 말을 듣고 배신감을 느끼거나 실망했을 수도 있다. 하지만 달리 생각하면 그는 염색하고 싶어하는 여성들의 심리를 꿰뚫는 광고 문구로 성공을 거두었듯이, 어떻게 하면 직원들의 사기를 끌어올릴지 그 방법도 알았기에 고객인 것처럼 꾸며 편지를 보냈던 것이다.

마음만 먹으면 언제든 어떤 색으로든 염색을 할 수 있는 요즘은 염색 자체가 그 사람의 개성을 표현하는 하나의 방법이다. 그래서인지 전에는 시도하지 못했던 빨간색, 파란색, 초록색 등 멀리서 보아도 눈에 확 들어오는 색으로 멋내기 염색을 하는 사람들도 있다. 반면 흰머리를 가리고 싶어 주기적으로 염색하는 사람도 있고, 자연스러운 것이 좋아 흰머리 그대로 살아가는 사람도 있다. 이렇듯 사회적 인식에 얽매이지 않아도 되는 염색 자유 시대를 우리는 살고 있다.

참고 자료

『1%를 위한 상식백과』(베탄 패트릭·존 톰슨 지음, 써네스트) / 「그분은 성공한 걸까, 안 한 걸까…」(김병희 칼럼, 《초이스경제》, 2017.12.18) / 클레롤, 두산백과 / 머리염색, 두산백과

앱솔루트 보드카의 광고 전략,
예술 작품을 뛰어넘다

알코올 도수가 높기로 유명하지만 광고계에서는 교과서처럼 여겨지는 술이 있다. 바로 앱솔루트 보드카 이야기다. 보드카라고 하면 바로 떠오르는 나라가 러시아다. 겨울의 강추위 속에서 보드카 한잔으로 몸을 녹이는 러시아 사람들 이미지가 익숙하기 때문이다. 실제로 보드카는 제정러시아시대 황제나 귀족들이 즐겨 마신 술이다. 그러다 보니 보드카의 대명사라 할 '앱솔루트 보드카'도 러시아에서 만들어진 것으로 아는데, 이 보드카는 스웨덴에서 만들어졌다. 그리고 앱솔루트 보드카가 세계 최고의 프리미엄 보드카로 성장하게 된 배경에는 기발한 광고가 있었다.

보드카는 밀, 보리, 호밀을 주원료로 해서 만드는 증류주로 색도 냄새도 없는 술이다. '보드카(Bodka)'라는 말은 물이라는 뜻의 러시아어 '바다(вода)'가 '보드카(водка)'로 변한 것이다. 16세기 러시아 문헌에 보드카라는 말이 처음 나왔으며, 주로 추운 기후대에 속하는 동유럽과 북유럽 사람들이 즐겨 마신다. 표준 알코올 함량은 40도지만 러시아에서는 38~60도까지 도수가 다양한 보드카가 생산되고 있다.

하지만 앱솔루트 보드카(Absolut Bodka)는 러시아가 아닌 스웨덴 남부의 아후스에서 생산되는 전통 술이다. 스웨덴에서는 15세기 무렵 '브렌빈(Brännvin: 불타는 와인)'이라는 이름으로 보드카가 처음 나왔다. 사람들은 이 보드카를 장염은 물론 페스트 같은 질병을 치료하는 약으로 사용하기도 했다.

1879년 라스 올슨 스미스(Lars Olsson Smith, 1836~1913)는 이 보드카 원액을 여러 차례 증류해 불순물을 없애는 연속식 증류법으로 앱솔루트 렌트 브렌빈(Absolut Rent Brännvin)을 개발했다. 어릴 때부터 여러 직업을 전전하던 스미스는 최신식 증류소에서 일하게 되면서 고급 증류주에 관심을 가졌다. 당시 브렌빈은 불순물이 많고 맛도 텁텁했는데 스미스가 이를 깔끔한 맛이 나는 술로 개량한 것이다. 앱솔루트 렌트 브렌빈은 나

다양한 맛의 앱솔루트 보드카

온 지 100년이 되는 1979년 미국 시장에 진출하면서 이름을
앱솔루트로 바꾸었다.

앱솔루트는 보드카가 싼 술이라는 인식이 뿌리 깊은 미국
시장에서 단순하지만 세련된 병 디자인과 눈에 띄는 광고로
고급술이라는 이미지를 심어주려고 노력했다. 애주가들은 싸
구려 술로만 알았던 보드카에서 깔끔하고 깊은 맛을 발견하
고는 열광했다. 이후 미국 시장에서 성공한 앱솔루트는 혁신
적 디자인과 재치 있는 광고로 술 브랜드를 넘어 문화의 아
이콘으로 자리 잡았다. 병 모양을 시각화한 이미지를 연이
어 선보이고 병 모양이 연상되는 이미지에 '앱솔루트 퍼펙션
(ABSOLUT PERFECTION)', '앱솔루트 서울(ABSOLUT SEOUL)'
처럼 짧고 강렬한 문구를 넣어 하나의 형식으로 자리매김한
것이다. 여기서 더 나아가 창의적이고 재치 있는 브랜드 이미
지를 구축하고 싶었던 앱솔루트는 문화 프로젝트를 시작하면

서 미술과 음악은 물론 패션 분야의 다양한 예술가와 협업했는데, 이 시리즈는 20세기 광고사에 한 획을 그었다고 평가받고 있다.

앱솔루트가 예술가와 협업하는 일은 1985년 앤디 워홀(Andy Warhol, 1928~1987)과 작업하면서 시작되었다. 유명한 팝 아트의 선구자인 앤디 워홀은 스크린 인쇄 기법으로 보드카 병 모양을 검은색으로 표현했는데, '앱솔루트 워홀(ABSOLUT WARHOL)'이 바로 그것이다. 이 감각적인 작품으로 사람들은 앱솔루트 보드카를 다시 보게 되었다. 앱솔루트는 2014년 '앱솔루트 워홀 탄생 30주년'을 기념해 '앤디 워홀 시리즈'를 전 세계에 400만 병만 내놓아 또 한 번 화제가 되었다.

이후 앱솔루트는 1986년 미국 팝아트 전문가인 키스 해링(Keith Haring, 1958~1990)과 앱솔루트 해링(ABSOLUT HARING)을, 1995년에는 독일 사진작가 헬무트 뉴턴(Helmut Newton) 등과 작업한 앱솔루트 뉴턴(ABSOLUT NEWTON)을, 2003년에는 패션 디자이너 장 폴 고티에(Jean Paul Gaultier)가 작업한 앱솔루트 레전드(ABSOLUT LEGENDS)를 시리즈로 내놓아 주목을 받았다. 앱솔루트 보드카에 예술가의 손길이 닿으면 앱솔루트 자체가 예술품이 되는 마법이 일어나는 것이다. 예술가와의 협업 캠페인은 매우 성공적이었다. 이 캠페인 이전에 앱솔루트가 보드카 시장에서 차지했던 비율은 2.5퍼센트에 지나지 않았으나 25년간 1,500개의 개별 광고를 출시한 이 캠페인이 2000년대 후반 종료된 이후에는 연간 450만 병을 수출했으며, 미국에 수입된 모든 보드카의 50퍼센트를 차지할 정도가 되었다.

앱솔루트 광고 중 또 하나 주목받은 것이 있는데 1987년 미국 로스앤젤레스에서 시작된 시티 시리즈로, 이는 광고계에서 혁신을 일으킨 것으로 평가받는다. 이 시리즈는 영국 런던, 스웨덴 스톡홀름, 태국 방콕 등 전 세계 도시의 숨은 매력을 찾아내 마치 세계 여행을 하는 것 같은 느낌을 준다. 또 광고 이미지 안에 절묘하게 표현한 병 모양을 찾아내는 것은 숨은그림찾기를 하는 듯한 재미를 준다. 특히 미국 보스턴을 소재로 한 광고에서는 차 상자가 앱솔루트 보드카 병 모양으로 바다에 떠 있는데, 이는 1773년 미국 식민지 주민들이 영국 본국으로부터의 차 수입을 저지하기 위해 일으켰던 '보스턴차사건'을 떠오르게 한다. 미국 뉴욕을 다룰 때는 차가 가득한 도로에 노란 택시로 보드카 병 모양을 연출해 뉴욕의 교통체증 문제를 암시하기도 했다.

2016년 촛불집회 당시에는 광화문 광장에서 수많은 시민이 든 촛불을 흘러가는 물결처럼 표현해 앱솔루트 병 모양으로 형상화한 뒤 '앱솔루트 코리아(ABSOLUTE KOREA)'라는 영문 광고에 '미래는 당신들이 만들어갑니다'라는 영문 부제를 달았다. 이 광고에 대한 누리꾼들의 의견은 엇갈렸다. 한쪽에서는 앱솔루트 보드카가 우리나라 상황을 상업적으로 이용했다고 비판하는 반면, 다른 쪽에서는 촛불집회가 한국의 상징으로 비폭력 혁명임을 알리는 기회라고 긍정적으로 해석하기도 했다.

그들의 속내가 어떤 것인지는 알 수 없지만 앱솔루트가 일관성 있는 비주얼과 카피를 완벽하게 조합해 광고를 뛰어넘어 하나의 작품을 만들어낸다는 평가는 여전히 유효하다. 매번 새로운 느낌을 주는 창조력을 발휘해 광고에 몰입하게 만든다. 또한 보는 광고가 아니라 즐기는 광고, 참여하는 광고를 내보내 다음에는 어떤 것을 소재로 한 광고가 나올지 기대하게 만든다.

▎참고 자료

「앱솔루트 보드카, 촛불집회로 광고 논란」(《한겨레》, 2016.12.10) / 앱솔루트, 네이버 세계 브랜드백과 / 보드카, 두산백과

파타고니아 옷을 사지 말라고 광고하는 이유

"우리에게 가장 중요한 권리는 책임질 권리다"(제럴드 아모스). 이는 파타고니아 홈페이지 대문에 있는 문장으로, 책임지는 기업임을 강조하는 글이다. 파타고니아 하면 언뜻 생소할 수도 있겠으나 아웃도어 계통에서는 유명한 브랜드다. 이 회사가 세계적 기업으로 성장할 수 있었던 이유 중 하나가 바로 '책임지는 기업'이란 점이다. 이런 경영 철학을 바탕으로 한 제품 생산과 이색적인 광고 등을 통해 소비자의 신뢰를 얻었다. 특히 별난 마케팅으로 유명한 파타고니아의 광고가 기업 성장에 얼마큼 영향을 미쳤는지 그 과정을 알아보자.

DON'T BUY THIS JACKET

자사 제품의 재킷을 사지 말라는 파타고니아 광고

    2011년 블랙프라이데이 아침, 세계적 언론 매체인 《뉴욕타임스》에 도발적인 광고 카피가 실렸다. '이 재킷을 사지 마시오(Don't buy this jacket).' 미국에서 연중 최대 소비가 이루어지는 시기에 파타고니아(Patagonia)는 자사 상품인 재킷을 사지말라는 광고를 했다. 소비자의 이목을 끌기 위한 단순한 광고카피였을까? 아니면 이유가 있는 광고였을까? 소비자를 설득해서 사게 해야 할 광고에서 사지 말라니, 어이가 없지만 도발적인 광고임은 틀림없다. 그렇다면 파타고니아는 왜 이런 광고 카피를 만든 것일까?

이유는 이렇다. 하나의 재킷에 들어가는 목화를 생산하는 데 필요한 물이 135리터나 된다. 이 물은 45명이 하루에 3컵씩 마실 수 있는 양이다. 그만큼 많은 양의 물이 소비된다. 또한 파타고니아의 재킷은 60퍼센트를 재활용 소재로 생산하고 있지만, 이 과정에서 이산화탄소가 20파운드(약 9킬로그램) 배출되며, 옷을 오래 입다가 버린다고 해도 3분의 2는 쓰레기가 되어 결국 환경을 오염시킨다. 그러니 재킷이 정말 필요한 경우에만 사라는 이유에서 나온 광고였다. 블랙프라이데이에 환경을 생각하는 소비를 강조한 것이다.

파타고니아가 친환경적 기업임을 여실히 보여주는 광고지만 과연 옷을 팔아보려는 광고인 것일까? 이건 흡사 환경 단체에서 환경을 더 생각하자는 캠페인을 벌이는 것 같은 느낌이다. 그런데 아이러니하게도 이 광고를 통해 더 많은 사람이 파타고니아 제품을 구입했다. 미국의 한 경제 잡지인 《포춘》에서 '재킷을 사지 말라'는 광고 이후 파타고니아의 매출이 40퍼센트나 급성장했다고 발표했다. 이는 파타고니아가 소비자들의 심리를 제대로 파악했다고 볼 수 있다. 당장의 이윤 추구가 아닌 기업과 환경, 소비자가 함께 가는 길을 모색한 것이다.

이런 파타고니아의 광고 마케팅은 창립자인 이본 쉬나드 (Yvon Chouinard)의 경영 철학에서 나왔다. 쉬나드는 등반가이자 환경운동가이기도 하다. 그는 1953년 14세 때부터 암벽 등반(클라이밍)을 시작하여 오랫동안 등반가로서 생활하면서 사용한 장비들을 고쳐나갔다. 특히 등반가들이 바위 틈새에 박아넣는 쇠못 피톤(Piton)은 한번 쓰면 바위에 두고 와야 한다는 문제점을 인식하고 이를 개선하고자 했다. 그래서 쉬나드는 1957년 여러 번 사용이 가능한 크롬-몰리브덴 철 피톤을 만들었다. 그가 이것을 주변 등반가들에게 나누어주자 다들 좋아했다. 이를 계기로 1965년 쉬나드는 친구들과 함께 등산장비업체 쉬나드 이큅먼트(Chouinard Equipment)를 창업하여 주력 상품으로 피톤을 팔았다. 하지만 자신이 만든 피톤이 박고 빼는 과정에서 바위를 심하게 훼손한다는 것을 알게 되면서 그는 과감하게 피톤 생산을 중단한다. 그러고는 피톤 대신 알루미늄 초크를 개발했다. 이는 바위를 손상하지 않고 바위 틈새에 걸 수 있도록 한 장치였다. 그는 큰 수익을 가져온 피톤 판매보다 자연보전을 우선시한 것이다.

1973년 쉬나드는 아웃도어 의류브랜드 파타고니아 사업을 시작한다. 럭비 셔츠를 활용해 등산복으로 만든 옷인데, 주문이 들어오면 제작해서 판매하는 방식이었다. 럭비 셔츠는 질겨서 등반할 때도 손상이 덜했고, 땀 흡수도 잘되었기 때문에 이런 장점을 살려 등산복으로 활용한 것이다. 회사 이름은 아르헨티나와 칠레에 걸쳐 있는 지역으로 대부분 안데스 산지와 고원으로 이루어진 파타고니아에서 따왔다. 그래서 파타고니아의 로고는 쉬나드가 가장 좋아하는 파타고니아 지역 피츠로이 산계를 형상화한 것이다.

이후 파타고니아는 꾸준한 연구 개발을 통해 친환경 소재의 제품을 생산한다. 플라스틱병 등 재활용품을 이용해 옷을 만들거나, 유기농 목화로 생산한 면제품만으로 옷을 만들어낸다. 수익보다는 지구의 환경, 소비자의 건강을 우선시한 창립자의 경영 철학이 담겨 있다. 그런데 이런 식으로 하면 기업으로서 살아남을 수 있을까? 파타고니아는 신제품이 나올 때마다 품절 대란을 겪고, 전 세계에서 열광적으로 선호하는 고객이 늘고 있다. 책임지는 기업, 윤리적 기업, 친환경적 기업 이미지가 소비자의 신뢰를 얻은 것이다.

이본 쉬나드는 중고거래 플랫폼 이베이(eBay)와 협력하여 이미 팔린 옷을 평생 무료로 수선해주기도 한다. 그는 한 인터뷰에서 가장 선호하는 트렌드가 무엇이냐는 질문에 "사람들이 기워진 옷을 입고 다니는 것입니다. 옷을 수선하는 일이 쿨

한(멋진) 일이라고 여겨지면 좋겠습니다"라고 답했다. 기워진 옷을 입고 다니는 것을 선호한다는 파타고니아 창립자. 이런 대단한 인물이 세운 기업이기에 '우리 옷을 사지 마세요'라는 광고를 당당히 할 수 있는 것이 아닐까. 또한 이런 광고의 의미를 파악하고 옷을 사는 소비자들도 대단해 보인다.

▬▬ 참고 자료 ▬▬▬▬▬▬▬▬▬▬▬▬▬▬▬▬▬▬▬▬▬▬▬▬▬▬

『리스판서블 컴퍼니 파타고니아』(이본 쉬나드 등 지음, 틔움출판) / 「"재킷 사지 마세요!"… 아웃도어 브랜드 파타고니아의 역설」(《뉴델리》, 2018.10.26) / 「지구를 살리는 환경 파수꾼, 파타고니아」(《OUTDOOR》, 2021.02.09) / 「파타고니아 제품을 사면 안되는 이유」(《중앙일보》, 2016.12.11)

ECONOMY

4

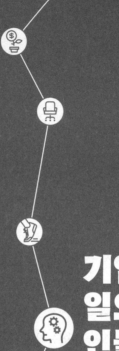

기업을
일으킨
인물들의
특이점

세계 최고의 괴짜 CEO 리처드 브랜슨

고급 슈트를 입고 임원단을 거느린 채 근엄한 표정으로 줄지어 늘어선 직원들에게 인사를 받으며 회사 로비에 들어서는 회장님. 드라마나 영화에서 흔히 볼 수 있는 대기업 CEO의 모습이다. 이런 모습과 어울리지 않는 괴짜 CEO가 있다. 얼마 전 우주여행에 성공한 영국의 억만장자 리처드 브랜슨(Richard Branson) 버진 그룹 회장이다. 세계적 경영컨설팅 그룹 엑센추어는 리처드 브랜슨을 2002년 '50대 경영 구루(GURU, 지도자)'로 선정했으며, 미국 주간지 《타임》은 환경문제에 적극 앞장선 그를 '지구를 구할 영웅'으로 불렀다. 항공, 미디어, 관광 등의 분야에서 수많은 사업체를 보유한 버진 그룹의 CEO 리처드 브랜슨이 괴짜 CEO로 불리는 까닭은 무엇일까? 남다른 그의 이야기 속으로 들어가보자.

버진 그룹의 창업자 리처드 브랜슨은 1950년 영국 런던에서 태어났으며 교육열 높은 부모 덕분에 사립학교에 다닐 수 있었다. 하지만 난독증 때문에 정상적인 학교생활이 어려웠던 그는 16세에 학교를 중퇴하고 학생 잡지《스튜던트》를 창간한다. 브랜슨은 혼자서 이 잡지를 기획하고 취재, 편집까지 하며 당대 유명 스타의 인터뷰를 실었다. 편지 수백 통을 쓰고 전화 수백 통을 거는 노력 끝에 기성 잡지들도 해내지 못한 유명인

버진 그룹의 CEO 리처드 브랜슨

을 섭외하는 데 성공한다. 프랑스의 살아있는 지성 장 폴 사르트르, 세계 청년들의 우상이었던 비틀스의 존 레넌과 롤링스톤스의 믹 재거, 영화배우 버네사 레드그레이브 등이 《스튜던트》에 등장해 돌풍을 일으켰다. 잡지의 성공에 힘입어 브랜슨은 '버진'이라는 이름으로 음반 판매업을 시작한다. '처음 사업을 해본다'는 뜻에서 지은 '버진(Virgin)'은 초보인 자신을 나타내는 동시에 초보자의 한계를 극복하겠다는 의지의 표현이었다. 중고 레코드를 우편으로 판매하는 사업으로 자금을 모은 브랜슨은 1970년 버진 레코드를 설립한다. 당시 무명이었던 마이크 올드필드를 발탁해 출시한 음반이 500만 장이나 팔리는 성공을 거둔 후 컬처클럽, 섹스 피스톨즈 등 당대 인기 뮤지션들이 버진 레코드 녹음실에서 음반을 만들었다. 그는 하루아침에 청년 재벌이자 음반계 큰손이 되었다.

성공한 사업가가 되었지만 브랜슨은 도전을 멈추지 않았다. 1984년 우연한 계기로 버진 애틀랜틱 항공사를 설립하게 된다. 당시 자메이카에서 브랜슨이 탈 비행기가 기체 결함으로 결항되었다. 하지만 그는 화를 내지 않고 곧바로 전세기 임대 가격을 알아보고 공항에서 '전세기를 빌리고 싶다'는 팻말을 들고 돌아다녔다. 결항으로 발을 구르던 사람들이 이내 그에게 몰려들었고, 그는 사람들에게서 돈을 걷어 즉석에서 전세기를 빌렸다. 브랜슨은 전세기 임대료보다 많은 돈을 벌었고 공짜로 비행기를 탈 수 있었다. 그 순간 항공사를 차리겠다는 결심이 선 브랜슨은 여행이 끝난 후 즉각 버진 항공의 모태인 브리티시 애틀랜틱 항공을 인수한다. 비행기 한 대로 항공 사업을 시작했지만 기존 항공사들의 견제와 압박이 심해 순탄하지 않았다. 사업이 위기에 처했지만 그는 이에 굴하지 않고 버진 레코드를 EMI(Electric Musical Industries Ltd.: 영국의 음반회사)에 팔아 마련한 자금을 버진 애틀랜틱 항공사에 쏟아부었다. 저렴한 가격에 전 좌석 TV 모니터, 프리미엄 비즈니스와 이코노미 좌석을 설치하고 장거리 비행에 지친 승객들에게 마사지를 해주는 등 남다른 서비스를 제공해 항공 사업을 성공으로 이끌었다.

"용감한 자가 영원히 살지 못하겠지만, 조심스러운 사람들은 아예 사는 게 아니다"라는 말을 인생 모토로 삼은 브랜슨은 모험을 마다하지 않았다. 1987년 스웨덴 출신 우주비행사 퍼린드스트란드(Per Lindstrand)와 함께 최초로 열기구를 타고 대서양을 건너다가 해안 경비대에 가까스로 구조되는 등 모험을 하다가 목숨을 잃을 뻔한 위기도 있었다. 1991년에 같은 방식으로 태평양을 건넜고, 1998년에는 미국인 모험가 스티브 포셋(Steve Fossett)과 함께 아시아 전역에 이르는 약 1만 3,200킬로미터를 열기구로 횡단하기도 했다.

브랜슨은 사업에만 몰두하지 않았다. 대기업 CEO답지 않은 괴짜 같은 행동으로도 유명하다. 미국에서 출시한 버진 모바일을 홍보하기 위해 뮤지컬 〈풀 몬티〉 출연자들과 함께 피부 색깔 옷을 입고 중요 부위만 휴대전화로 가린 채 뉴욕 광장에서 퍼포먼스를 펼쳤다. 그는 버진 모바일 서비스에 숨은 비용이 없다는 것을 강조하려고 이런 아이디어를 낸 것이다. 1998년에는 버진 콜라를 알리고자 뉴욕 타임스퀘어에 구식 셔먼 탱크를 타고 나타나 코카콜라 광고판에 물대포를 쏘는 퍼포먼스를 펼치기도 했다. 또 웨딩업체 버진 브라이드를 홍보하려고 웨딩드레스를 입는 파격적인 행동을 한 적도 있다. 근엄하고 점잔을 빼며 권위를 내세우는 여느 CEO와는 다른 행보다. 그래서 그에게는 '경영계의 이단아', '히피적 자본가' 등의 수식어가 따라붙는다.

도전의 아이콘 브랜슨의 꿈은 우주여행으로 이어진다. 2004년에 버진 갤럭틱(Virgin Galactic)이라는 민간 우주관광업체를 설립해 상업적인 우주여행 사업에 본격적으로 뛰어들었다. 2009년에는 세계 최초 민간 우주여객선 스페이스십Ⅱ를 공개하며 우주여행을 상업화하겠다고 발표해 또 한 번 세계를 놀라게 했다. 이후에도 우주를 향한 브랜슨의 모험은 계속되었다. 브랜슨은 2021년 7월 11일 미국 뉴멕시코주에서 버진 갤럭틱의 우주비행기를 타고 고도 80킬로미터 이상의 우주 가장자리까지 날아오르는 데 성공한다. 우주비행기 '유니티'에 탑승한 브랜슨은 온라인 중계방송에서 "일생의 경험"이라고 외치며 샴페인을 터뜨렸다.

브랜슨은 버진 그룹을 이끄는 회장이지만 학업을 중단했을 정도로 난독증이 심했다. 그래서 재무제표에서 총이익과 순이익의 차이를 몰라 기업 실적을 보고도 기뻐해야 할지 슬퍼해야 할지 몰랐다고 한다. 브랜슨은 훗날 인터뷰에서 오히려 "난독증이 내 성공의 요인"이라고 강조한다. 글을 잘 읽지 못했기에 상상력을 극대화할 수 있었다는 것이다. 모든 것을 혼자 할 수 없다는 사실도 빠르게 깨달았던 그는 솔직하게 인정하고 전문가에게 도움을 요청했다. 그의 강점은 팀원들에게 업무를 맡길 줄 아는 것이었다.

■ 참고 자료

『내가 상상하면 현실이 된다』(리처드 브랜슨 지음, 리더스북) / 리처드 브랜슨, 네이버 해외 저자사전 / 「우주 관광 꿈 이룬 71살 괴짜 사업가 리처드 브랜슨」(《연합뉴스》, 2021.07.12) / 「우주로 간 괴짜 억만장자, 머스크와 베조스 자극하다」(《이코노믹리뷰》, 2021.07.12)

60세가 넘은 나이에 1,000번 이상 거절당하고 성공한 KFC 창업자

흰색 양복에 검은색 안경을 쓰고 검은색 나비넥타이를 맨 멋쟁이 할아버지. 푸근한 미소를 띠고 전 세계 KFC 매장을 지키고 있는 'KFC 할아버지'는 단순한 마스코트가 아니다. 바로 KFC를 설립한 할랜드 데이비드 샌더스(Harland David Sanders, 1890~1980)다. 세계 최대의 패스트푸드 치킨 체인인 KFC에서 만드는 치킨은 매일 수백만 명이 즐겨 먹을 만큼 영향력 있는 음식이 되었다. 이웃집 할아버지 같은 샌더스는 왜 '켄터키 대령'이 되었으며 KFC는 어떻게 치킨의 대명사가 되었을까?

세계적인 외식업체 얌브랜드(YUM! Brands, Inc.)의 자회사인

KFC 매장에는 흰색 양복을 입은 할아버지 캐릭터가 있다.

켄터키프라이드치킨(Kentucky Fried Chicken, KFC)은 1930년 샌더스가 켄터키주 코빈에 있는 주유소에 근무하면서 손님들에게 닭요리와 간단한 음식을 판매한 데서 시작되었다. 샌더스는 1890년 미국 인디애나주 헨리빌에서 태어나 녹록지 않은 어린 시절을 보냈다. 그는 5세에 아버지를 잃고 일을 하는 어머니를 대신해 동생들에게 음식을 만들어주면서 요리를 익혔다. 7학년 때 학교에 가는 것보다 하루종일 일하고 싶다는 것을 깨닫고 자퇴한다. 어머니가 재혼한 뒤에는 의붓아버지의 폭력을 견디다 못해 집에서 나와 증기선 조종사, 농부, 보험판매원 등 다양한 일자리를 전전하다가 16세에 입대하여 쿠바에서 군생활을 했다.

29세에 주유소를 운영했지만 지나친 친절 경영과 대공황으로 적자를 면치 못하다가 결국 무일푼이 되고 말았다. 1930년 샌더스는 셸오일(Shell Oil Co.)의 도움으로 켄터키주 남서부 코빈에서 새로운 주유소를 열고 '샌더스 카페(Sanders Café)'라는 이름으로 작은 식당을 운영한다. 그는 어머니에게 배운 조리법으로 프라이드치킨, 컨트리 햄, 수제 비스킷을 만들어 허기진 운전자들에게 팔았다. 이때 치킨 조리 속도를 높이기 위해 직접 개발한 압력 조리법을 적용했고, 11가지 허브와 향신료를 사용해 KFC를 상징하는 '오리지널 레시피'를 완성한다. 식당은 청결한 매장 관리와 맛있는 요리로 여행자들이 즐겨 찾는 명소가 되었다. 1935년 켄터키 주지사는 지역 경제에 기여한 샌더스의 공로를 인정해 주에서 줄 수 있는 가장 높은 영예의 칭호인 '켄터키 커널(Kentucky Colonel)'을 수여했다. 샌더스가 '켄터키 대령'으로 불리게 된 계기다. 그는 이때부터 흰색 양복과 켄터키 대령 넥타이를 착용했고, 이것이 KFC의 상징이 되었다.

　하지만 샌더스의 주유소와 카페는 화재와 새로운 국도 건설로 위기를 맞았고 제2차 세계대전과 가스 공급 중단으로 결국 문을 닫게 된다. 샌더스는 좌절하지 않고 트럭을 사서 치킨과 요리 재료들을 싣고 미국 전역을 돌아다니며 자신이 개발한

치킨 조리법을 팔고자 했지만 쉽지 않았다. 60세가 넘은 나이에 무려 1,008번을 거절당하고도 포기하지 않고 마침내 1952년 피터 허먼(Peter Harman)이라는 사업가를 만나 조리법을 판매하는 데 성공한다. 그래서 샌더스는 그해 유타주 솔트레이크시티에 '켄터키프라이드치킨'이란 이름으로 첫 매장을 열며 프랜차이즈 사업을 시작했다. 피터 허먼의 KFC 매장은 반세기가 넘게 흐른 지금까지도 KFC 1호점으로 영업 중이다. KFC의 트레이드마크인 동그란 안경, 염소수염, 흰색 양복으로 표현된 이미지는 당시 너무 가난해서 늘 하얀색 여름 양복 한 벌만 입고 조리법을 팔러 다녔던 샌더스의 복장에서 유래했다.

샌더스는 이후 캐나다로 사업 범위를 넓혔고 1960년대에는 영국, 멕시코 등 해외로 진출했다. 1964년에는 미국과 캐나다의 매장 수가 600개를 넘었고, 77세 때인 1967년에는 KFC 가맹점 수가 전국에 3,500개가 넘었다. 이 무렵 샌더스는 미국 내 대부분의 경영권을 다른 사람에게 매각하고 자신은 월급을 받는 홍보대사로 일했다. 경영권을 넘기고 얻은 수익금은 '커널 할랜드 샌더스 트러스트'와 '커널 할랜드 샌더스 자선협회'라는 장학회와 자선단체를 조직하는 데 사용했다. 샌더스는 90세에 사망할 때까지 흰색 정장 차림으로 프랜차이즈 매장을 돌며 직원 훈련을 멈추지 않았다. 새로 문을 연 매장을 방문해 운영 방법을 가르쳐주고 TV 광고에도 직접 출연했다. 그렇게 적극적으로 노력한 덕에 샌더스가 세상을 떠난 1980년에 KFC는 전 세계 48개국에 6,000여 개 매장을 가진 대규모 프랜차이즈로 성장했다. 샌더스는 2000년 미국 비즈니스 명예의 전당(U.S. Business Hall of Fame)에 이름을 올렸다.

숱한 실패를 딛고 자신만의 승부수를 띄워 인생 2막의 나이에 눈부신 성공을 거둔 샌더스는 "멋진 아이디어를 가진 사람은 많지만 이를 행동으로 옮기는 사람은 드물다. 나는 실패를 통해 경험을 얻고 더 잘할 방법을 찾으려고 애썼다"라고 말했다. 좌절하지 않고 계속 도전하는 모습과 노년에도 의욕적으로 일하는 모습은 귀감이 되기에 충분하다. 그는 성공에는 왕도가 없고 꾸준한 노력이 중요하며, 무언가를 시작하기에 늦은 나이는 없다는 점을 깨닫게 해주었다.

참고 자료

커널 샌더스, 두산백과 / KFC, 네이버 세계브랜드백과 / 케이에프씨(KFC Corporation), 네이버 기관단체사전 / 「천 번이 넘는 실패 끝에 치킨 제국을 일으킨, 커널 샌더스」(《VOA》, 2018.9.21) / 「KFC 켄터키 후라이드 치킨 할아버지 커널 샌더스」(《시선뉴스》, 2017.02.18)

졸업 시험 C학점을 받고도 성공한 드론 제작 창업자

2021년 7월 일본 도쿄 신주쿠 국립경기장에서 열린 2020 도쿄올림픽 개회식에 '드론 지구본'이 떴다. 드론 1,800여 대가 경기장 상공에 도쿄올림픽 공식 엠블럼 모양을 만든 다음 서로 조명과 자리를 조정하며 각 대륙이 새겨진 지구본 형태로 바뀌는 장관을 연출했다. 드론(Drone)은 무인 비행기로, 사전적 의미로는 '(벌 등이) 윙윙거리는 소리' 또는 '낮게 웅웅거리는 소리'를 뜻한다. 기체에 사람이 타지 않고 지상에서 원격으로 조종한다는 점에서 무인항공기(UAV)라고도 한다. 군사용으로 많이 쓰였으나 최근에는 영상 촬영, 교통수단, 상품 배달까지 상업적으로도 활용도가 높아졌다. 현재 세계 상업용 드론 시장 77퍼센트를 점유하고 있는 절대 강자 DJI(大疆創新科技, Dajiang Innovation Technology Co.)는 무선 조종 헬기를 가지고 놀던 소년의 손에서 시작되었다.

중국의 DJI는 세계 1위 상업용 드론 제작업체로, 무인 항공기와 촬영 장비를 제조·판매하며 본사는 중국의 실리콘밸리로 불리는 선전에 있다. 2020년 기준 1만 4,000명이 넘는 직원을 보유한 글로벌 기업으로 '드론계의 애플'로도 불린다. 미국·독일·네덜란드·일본·중국·홍콩·한국 등에 지사를 두고 있다. 일반 상업용 드론은 일반 동영상, 등산 등 취미활동, 소량의 물건 배달, 방송촬영 용도의 드론을 말한다. 전 세계 일반 상업용 드론의 표준기술은 대부분 DJI가 채택하고 있거나 개발한 기술들이다. DJI는 드론 관련 특허도 가장 많이 보유하고 있다.

DJI의 창업자 겸 최고경영자인 왕타오(汪滔, Frank Wang)는 1980년 중국 저장성 항저우에서 태어났으며, 본명보다 영어 이름인 프랭크 왕으로 알려져 있다. 어릴 적부터 공상과학 만화를 좋아했던 프랭크 왕은 하늘을 맘껏 누비는 헬리콥터의 멋진 모습에 마음을 빼앗긴 후 대부분의 시간을 모형 비행기를 조립하면서 보냈다. 한번은 부모님을 졸라 당시 중국 직장

DJI사의 드론

인 평균 월급의 7배나 됐던 무선조종 헬기를 선물로 받고 열
심히 날려보았지만 얼마 날지도 못하고 추락하고 만다. 만화
속에서 보던 '꿈의 헬기'는 세상에 없었던 것이다. 낙심한 프
랭크 왕은 이때부터 자동제어 헬기를 만들겠다는 원대한 꿈을
품으며, 2003년 명문으로 손꼽히는 홍콩과학기술대학에 입학
한다.

대학에 들어간 후 프랭크 왕은 무선조종 헬기의 FC(Flight
Controller), 즉 자동비행통제장치 연구에 몰두했다. 자동비행
통제장치는 악천후 속에서도 비행체의 움직임을 자동으로 제
어하는 핵심 기술이다. 이때의 연구가 훗날 DJI 드론 사업의

초석이 되었다. 프랭크 왕은 2005년 같은 과 동기들과 함께 원격조종 헬기의 비행 제어 시스템을 졸업 과제로 선택했다. 6개월간 수업도 빠져가며 연구에 매진했지만 시연 중 헬기가 추락하면서 C학점을 받고 말았다. 하지만 그가 로봇 연구를 위해 만든 동아리 로봇 연구팀은 이 자동 헬리콥터 조종기로 2005년 홍콩 로봇경진대회에서 1등을 거머쥐었다. 2006년 대학을 졸업한 후 그는 로봇경진대회에서 받은 상금과 경진대회 출품 로봇을 판 돈 등을 모아 중국 제조업의 메카인 선전에 DJI를 창업한다.

DJI는 처음에는 무인항공기에 들어가는 핵심 부품을 만들었을 뿐 드론 완제품을 생산하는 기업이 아니었다. 당시 드론 시장에는 완제품이라는 개념이 없었다. 개인이 다양한 부품을 조립해서 직접 자신만의 드론을 만들어야 하는 DIY 시장 구조였다. 주요 고객도 일반인이 아니라 기업이나 대학 등이었다.

프랭크 왕은 일반인들이 좀 더 쉽게 접근할 수 있는 제품을 만들기 위해 고민했고 2013년 1월 드론 시장의 판도를 바꿀 제품을 내놓았다. 이것은 완벽하게 조립된 본체, 모든 설정이 완료된 조종기와 소프트웨어 등을 갖춘 완제품 드론이라서 복잡한 조립 과정 없이 바로 상자에서 꺼내 그대로 날릴 수 있었다. '팬텀1'로 불리는 이 제품은 세계 드론업계에 파란을 일으켰고, 일부 마니아에 국한되어 있던 드론 소비자들을 확대하는 효과를 가져왔다. DJI는 세계 최고의 비행제어기술은 물론, 항공 촬영에 최적화된 짐벌(Gimbal: 수평 유지 장치)과 카메라 기술을 장착하면서 업계 선두 기업으로 우뚝 선다. 촬영 기능이 향상되면서 할리우드 등 영화·방송계는 물론 건설, 관측, 지도 제작 등 산업 수요도 급격히 늘어났다. 팬텀은 당시 막 태동하고 있던 미국과 중국의 민수용 드론 시장에서 폭발적인 반응을 이끌어냈다. 2011년 420만 달러였던 DJI의 매출은 2013년 1억 9000만 달러로 30배 이상 급증했다. 팬텀의 대성공 이후 DJI는 카메라 일체형 드론인 '팬텀2 비전'을 출시하며 세계 드론 시장에서 독보적인 강자로 군림하게 된다.

DJI 본사 근처에 있는 쇼룸에는 다리를 접으면 휴대폰만큼 작아지는 드론부터 전문가용 드론, 산업용 드론, 열화상 카메라와 30배 줌 카메라 등 특수 기능을 추가할 수 있는 드론 등 다양한 제품이 전시되어 있다. DJI는 이 모든 제품이 '형태는 기능에 따른다'라는 원칙에 충실하게 만든 고급 기술과 역동적인 디자인의 결합체라고 말한다.

품질제일주의를 표방하는 DJI는 연구 개발에 대한 헌신, 창의력을 지원하는 문화, 복잡한 기술을 손쉬운 기기로 바꾸는 과정을 통해 세상을 조금씩 바꾸어나가고 있다. 세계 1위 드론 기업을 이끄는 프랭크 왕은 미국 경제 전문지 《포브스》가 선정한 테크 부문 아시아 최연소 억만장자이기도 하다. 2020년 기준 그의 자산은 48억 달러(약 5조 7000억 원)다. 그는 《포브스》와의 인터뷰에서 이렇게 말했다. "DJI가 성공한 것은 단순히 선두 주자였기 때문이 아니다. 우리는 창의성과 혁신성에 전념했다."

참고 자료

「평창서 모티브?… 도쿄 밤하늘에 뜬 '드론 지구본'」(《연합뉴스》, 2021.07.23) / 「"공상 만화처럼 자유자재로 나는 헬기 만들겠다" 소년의 꿈, 세계의 하늘 곳곳서 '훨훨' ~」(《국방일보》, 2018.08.13) / 「하늘을 동경하던 소년… 중국 드론제국 DJI 창업자로 거듭나」(《IT동아》, 2018.07.09) / 「세계 드론 시장 절대강자 DJI 비결은 '쉬지 않는 혁신'」(《머니투데이》, 2018.10.23) / 드론, 네이버 지형 공간정보체계 용어사전

딸의 인형놀이를 보고
바비인형을 탄생시킨 루스 핸들러

누구나 어렸을 때 인형 옷을 갈아입히고 머리를 빗겨주고 이야기를 나누며 놀았던 기억이 있을 것이다. 또 뚜렷한 이목구비에 늘씬한 몸매를 뽐내는 여성에게는 '바비인형 같다'는 수식어가 따라다닌다. 전 세계 아이들에게 사랑받는 바비인형은 태어난 지 60년이 넘었지만 여전히 세계에서 가장 유명한 인형이다. 아이들만 좋아하는 게 아니다. 수많은 컬렉터가 수집에 열을 올려 2006년 런던 크리스티 경매에서는 한 인형이 9,000파운드(약 1600만 원)에 낙찰되었고 세계적인 아이돌 그룹 BTS 바비인형이 나왔을 만큼 단순한 장난감을 넘어 문화

다양한 모습의 바비인형들

의 아이콘이다. 바비인형은 누가 세상에 나오게 했을까?

바비인형은 딸을 키우는 엄마의 손에서 탄생했다. '바비의 엄마'를 자처했던 루스 핸들러(Ruth Handler, 1916~2002)는 미국 콜로라도주 최대 도시 덴버에서 태어났다. 폴란드에서 건너온 유대인 가정에서 자란 루스는 고등학교 시절 남자친구인 엘리엇 핸들러(Elliot Handler)와 결혼한 후 로스앤젤레스에 정착했다. 루스는 남편 엘리엇 핸들러와 함께 1945년 미국 장난감 회사 마텔(Mattel)을 설립한다. 마텔사는 원래 사진틀 제작사로 출발했으나 점차 인형 관련 사업으로 확장해나갔다. 제2차 세계대전이 진행 중이던 당시 여성은 사업을 주도적으로 할 수 없었다. 살림을 하며 두 아이를 키우던 루스는 어느 날 딸이 인형을 가지고 노는 모습을 유심히 보다가 아이디어가 떠올랐다. 딸은 친구와 아기인형을 가지고 놀거나 또는 종이인형으로 대학생이나 치어리더 역할을 하기도 하고 쇼핑을 하거나 운전을 하는 등 어른 행세를 하며 놀았다. 또 종이인형은 평면적이라 쉽게 찢어지고 인형에 붙인 옷도 금방 떨어져 나가곤 했다. 이런 모습을 보면서 루스는 아기인형이 아니라 숙녀인형을 만들고, 옷도 종이가 아니라 천으로 만들면 좋겠다는 생각을 한다. 루스는 이런 아이디어를 남편에게 말했지만 핀잔만 들었다. 당시 아이들이 가지고 놀던 인형은 통통한 아기인형이 대부분이라 성인 여성의 모습을 한 인형은 절대 엄마들이 사주지 않을 것이라며 반대한 것이다.

루스의 아이디어는 1956년 스위스로 가족여행을 갔다가 우연히 한 인형을 보고 구체화된다. '빌트 릴리(Bild Lilli)'라는 독일산 패션 인형이었다. 세련된 도시 여성의 옷차림에 육감적인 몸매를 강조한 인형 빌트 릴리는 1952년부터 독일《빌트 차이퉁》이란 신문에 연재됐던 만화의 주인공이기도 하다. 루스는 자신이 구상한 모습을 닮은 이 인형 세 개를 구입해 하나는 딸에게 주고 두 개는 회사에 보관해 새로운 디자인으로 인형을 만들기 시작했다. 인형의 이름은 딸 바버라의 이름을 따서 '바비(Barbie)'라 불렀다. 1959년 3월 루스는 뉴욕에서 열린 세계 장난감 박람회에 바비인형을 선보였다. 포니테일

(Ponytail: 말꼬리 모양으로 묶은 머리 형태) 머리에 흑백 스트라이프 무늬 수영복을 입고 눈을 살짝 내리깐 모습이었다. 1950년대에는 장난감 인형이 대부분 3~4등신 아기 체형이었기에 어른처럼 풍만한 몸매에 화려하게 꾸민 바비인형은 엄청난 반향을 일으켰다. 뉴욕의 한 언론 매체에서는 '장난감 세계의 실수'라고까지 보도하며 비아냥거렸다. 루스는 주변의 비웃음에 아랑곳하지 않고 공격적으로 마케팅을 했다. 월트 디즈니 영화사가 제작한 TV 프로그램인 〈미키마우스 클럽〉을 방영할 때 자신의 전 재산을 걸고 단일 광고주가 되었다. 루스는 장난감을 가지고 노는 아이들에게 직접 광고하는 마케팅을 함으로써 대성공을 거두었다. 장난감을 구매하는 주체를 부모에서 아이로 바꾼 것이다. 당시 광고 문구는 "나는 너처럼 될 거야!", "아름다운 바비! 너는 바로 나야", "바비는 나의 미래야"였다.

바비는 등장한 첫해에만 30만 개가 팔려나갔다. 바비의 성공적 데뷔에 힘입어 마텔사는 1960년에 증시에 상장되었다. 1964년에는 바비인형의 모티브가 된 빌트 릴리 인형에 대한 권리를 사들여 더는 생산되지 않게 했다. 1966년 1억 달러의 매출을 기록하며 미국 경제 잡지 《포춘》의 500대 기업에 선정되었다. 1989년 루스와 엘리엇 부부는 장난감 산업 명예의 전당에도 이름이 올랐다.

바비의 가장 큰 성공 비결은 '스토리텔링'이었다. 온갖 이야기를 만들어내고 끊임없이 변화를 주면서 바비가 마치 '이 세상에 실제로 존재하는 여성'처럼 만들었다. 바비가 등장하는 소설도 출간했다. 루스는 여자아이들이 미래에 꿈꾸는 여러 가지 직업과 다양한 의상, 인종을 표현한 새로운 바비를 끊임없이 내놓았다. 1960년대에는 간호사, 우주인, 1990년대에는 소아과 의사, 여자 소방대원, 여자 조종사도 나왔다. 2000년대에는 영화감독, 과학자, 여성 대통령을 비롯해 태권도를 하는 바비인형도 나왔다. 2019년에는 세계적인 아이돌 그룹 BTS 바비인형도 출시되었다. 뮤직 비디오 '아이돌(Idol)'에서 입은 옷과 같은 모습으로 제작해 엄청난 인기를 끌면서 마텔사의 매출 신장을 견인했다.

바비인형은 세계적으로 10만 명에 이르는 수집가가 있을 만큼 엄청난 인기를 끌고 있지만 비난도 끊이지 않았다. 백인의 외모는 그대로 두고 피부 색깔만 바꾼 흑인 바비인형을 내놓아 '백인 우월주의적' 태도라는 비판을 받았고, 지나친 노출과 선정적인 포즈의 인형으로 '이슬람의 미덕'을 해친다는 논란을 일으켰으며, 각국의 정서나 분위기를 살리지 못한 전통 의상 시리즈로 비난을 받기도 했다.

2002년 85세 나이로 세상을 떠난 '바비 엄마' 루스 핸들러는 자서전에서 "바비에 담긴 내 철학은 인형을 통해서 어린 소녀들이 자신이 원하는 것은 무엇이든 할 수 있다는 사실을 깨닫는 것이다. 바비는 항상 여성이 선택할 수 있다는 것을 보여준다"고 말했다. 《뉴욕 뉴스데이》 칼럼니스트 엠지 로드(M.G. Lord)가 저서 『영원한 바비』에서 "루스가 만들어낸 바비는 부엌에서 밖으로 나가는 길을 제시해주었다"라고 말했듯이, 루스는 여성도 당당한 인격체로서 자유로운 삶을 추구하고 미래를 개척해나갈 수 있다는 정신을 바비인형을 통해 소녀들에게 심어주고 싶어했다. 뛰어난 관찰력으로 바비인형을 세상에 내놓고 신념과 용기를 잃지 않고 끊임없이 가꿔온 루스는 미국의 사회적 가치 변화에 큰 영향을 미친 여성으로 기록되었다.

참고 자료

바비인형, 네이버캐스트(장난감대백과) / 『갖고 싶은 세계의 인형』(유만찬·김진경 지음, 바다출판사) / 「바비인형을 세계의 우상으로, 루스 핸들러」(《VOA》, 2020.02.28) / 「프리다 칼로처럼… BTS도 '바비인형' 된다」(《경향신문》, 2019.01.08)

인텔 창업자 고든 무어, 배신자에서 실리콘밸리의 전설로!

반도체는 어떤 특별한 조건하에서만 전기가 통하는 물질로, 장난감에서부터 전자제품은 물론 우주항공에 이르기까지 모든 전자 기기에 사용된다. 반도체는 스마트폰, PC는 물론이고 전기차, 자율주행차, 5G 이동통신, 스마트 헬스케어 등에 없어서는 안 되는 핵심 부품으로 '4차 산업혁명의 쌀'로도 불린다. 미국이 중국 화웨이에 대한 판매 중단 조치로 시작된 반도체전쟁이 미중 무역분쟁으로 이어졌고, 코로나19로 반도체 수요가 급증하면서 세계 각국이 반도체 공급망을 확보하기 위해 사활을 걸고 있다. 이러한 반도체의 중요성을 일찌감치 알아본 이가 있다. 이미 50여 년 전에 컴퓨터의 급격한 성능 향상을 예견하고 이를 실현하기 위해 끊임없이 연구하고 노력한 사람, 바로 세계 최대의 컴퓨터 프로세서 제조업체인 인텔(Intel)을 공동 설립한 고든 무어(Gordon E. Moore)다.

1929년 미국 캘리포니아에서 태어난 고든 무어는 어려서부터 실험과 탐구에 관심이 많았다. 이미 중고등학생 때 화약과 폭발물질을 만들며 시간을 보내기도 했을 만큼 화학 분야에서 재능을 보인 그는 1950년, 버클리 캘리포니아대학 화학

고든 무어 메달. 2007년 9월 11일 혁신의 날에 미국 펜실베이니아 필라델피아 화학 유산재단의 화학 산업 협회(SCI America)가 수여한 것이다.

과를 졸업한 후 캘리포니아 공과대학 대학원에 입학하여 화학 및 물리학 박사 학위를 받았다. 졸업 후 존스홉킨스대학 응용물리학 연구소에 합류하여 고체 로켓 추진제를 연구하던 무어는 1956년 쇼클리 반도체 연구소에 입사했다. 트랜지스터를 발명해 노벨상을 수상한 윌리엄 쇼클리(William Shockley, 1910~1989)는 천재 과학자였지만 상사로서는 최악이었다. 직원을 경멸하고 믿지 않았으며, 혁신을 원하는 직원들의 아이디어를 무참히 짓밟기 일쑤였다. 쇼클리의 강압적인 경영 스타일과 고집스러운 연구소 운영 방침을 따를 수 없었던 무어는 1957년, 다른 연구원 7명과 함께 쇼클리 반도체 연구소를 떠나 뉴욕 투자자의 권유를 받아 페어차일드 반도체(Fairchild Semiconductor)를 설립하고 실리콘 반도체를 개발한다. 당시 쇼클리는 이들을 '8인의 배신자'라 불렀다. 이들 중 일부는 페어차일드에서 나와 제각기 벤처 기업이나 벤처 캐피털을 설립했는데, 오늘날 벤처 기업 창업으로 대변되는 실리콘밸리 문화가 이때 시작되었다고 할 수 있다.

1965년 무어는 페어차일드 연구원으로 근무하면서 《일렉트로닉스》 매거진에서 '향후 10년 동안의 발전을 예측하라'는 원고를 청탁받고 그동안 목격한 반도체의 변화 속도를 명확한 숫자로 표현했다. "반도체 칩의 성능은 18개월에서 24개월을 주기로 2배씩 향상된다." 후에 '무어의 법칙'으로 불린 이 말은 반도체 산업을 혁신한 원동력이 되었다.

1960년대 후반 페어차일드가 승승장구하며 규모가 커짐에 따라 인사 관련 문제, 경영진과의 갈등이 불거졌다. 무어는 회사를 나와 쇼클리 반도체 연구소에서 인연을 맺은 로버트 노이스(Robert Noyce, 1927~1990)와 함께 회사를 설립한다. 이들은 1968년 7월 자신들의 전문 분야인 전자 집적회로를 전면에 내세우면서, 통합을 뜻하는 'Integrate'와 전자를 의미하는 'Electronics' 두 단어를 조합해 인텔(Intel)로 회사 이름을 정한다. 이것이 인텔 브랜드의 시작이다. 1개월 후에 앤디 그로브(Andy Grove, 1936~2016)가 합류해서 세 사람은 인텔 공동 설립자로 기록되었다. 이들은 무어의 법칙을 실현하기 위해 새로운 종류의 메모리 마이크로칩과 마이크로프로세서를 생산하기 시작해 끊임없이 혁신적 제품을 내놓았다. 이들의 혁신 덕분에 인텔은 세계 최고의 반도체업체로 확고히 자리 잡았다. 1971년 세계 최초의 마이크로프로세서인 인텔 4004를 개발한 이후 x86계열의 CPU 개발을 통해 개인용 컴퓨터 시장의 발전을 주도해왔다. 무어는 1975년 부사장이 되었다가 1979년 4월에 CEO가 되었다. 1987년 CEO에서 물러난 무어는 1997년 명예 이사회 의장이 되었지만, 이후에도 연구를 멈추지 않았다. 1998년에는 실리콘밸리에 있는 컴퓨터 역사박물관 연구원이 되었고, 캘리포니아 공과대학의 수장을 역임하기도 했다. 또 아내인 베티 무어와 함께 고든앤드베티무어재단(Gordon and Betty Moore Foundation)을 설립해 과학 교육, 연구 및 환경 보존을 지원하는 자선 활동에도 힘썼다.

　고든 무어는 "당신이 시도하는 모든 것이 효과가 없다면, 당신은 충분히 노력하지 않은 것입니다"라고 말했다. 끊임없이 혁신을 거듭해온 그로 인해 우리는 오늘날 '손 안의 컴퓨터'라 불리는 스마트폰을 갖게 되었다. 그에게는 '실리콘밸리의 전설적 인물'이라는 수식어가 전혀 아깝지 않다.

참고 자료

「반도체업계를 반 세기 지배한 '무어의 법칙' 창시자, 고든 무어」(김영우 글, 《IT동아》 2017.07.10) / 『삼성과 인텔: 과거의 성공, 현재의 딜레마, 미래의 성장전략』(신용인 지음, 랜덤하우스코리아) / 인텔, 네이버 세계브랜드백과 / 「반도체 혁신을 끌어올린 '무어의 법칙' 주인공, 고든 무어」(《테크월드뉴스》, 2020.03.27)

초콜릿보다 더 달콤한 유산을 남긴 밀턴 허시

이름만 들어도 입가에 미소가 지어지는 음식이 있다. 입에 넣으면 혀끝에서 부드럽게 녹는 달콤 쌉싸름한 맛이 일품인 초콜릿은 아스텍족이 마셨던 카카오를 이용한 음료 '쇼콜라틀(Xocolatl)'에서 유래한다. 이후 에스파냐어로 옮기는 과정에서 '초콜릿(Chocolate)'이 되었다. '신들의 음식'으로 불릴 만큼 귀해 귀족이나 상류층의 전유물이었던 초콜릿은 책과 영화의 단골 소재이기도 하다. 독일 작가 괴테는 여인에게 사랑을 호소할 때 꽃과 함께 초콜릿을 보냈고, 독일의 극작가 실러도 초콜릿을 매우 좋아했다. 초콜릿이 누구나 즐겨 먹는 간식이자 사랑의 메신저가 된 데는 '미국 초콜릿의 아버지'라 불리는 밀턴 허시(Milton S. Hershey, 1857~1945)의 공이 크다.

미국에서 가장 큰 초콜릿 회사를 설립해 초콜릿을 대중화한 밀턴 허시는 펜실베이니아주 가난한 농촌 마을에서 태어났다. 교육 철학이 너무 다른 부모 때문에 제대로 된 학교교육을 받지 못하고 14세 무렵부터 인쇄공 생활을 해야 했으며 이후 제과사 밑에서 견습생으로 일했다. 어렸을 때 심부름 값을 받으면 몽땅 사탕을 사 먹을 만큼 단맛을 좋아했던 허시는 제과점에서 4년간 일하면서 사탕 만드는 기술을 익혔다. 19세에는 숙모에게 빌린 150달러로 필라델피아에 사탕가게를 차렸다. 6년 동안 하루 15~16시간 일하면서 사탕을 만들어 판매했지만 성공은 그의 편이 아니었다. 병과 늘어나는 빚을 견디다 못해 사업을 접고 아버지와 함께 서부에 있는 콜로라도주 덴버로 이사를 한다. 당시 많은 미국인이 금을 캐기 위해 서부로 몰려들었는데, 밀턴도 아버지와 함께 그 대열에 합류한 것이다. 그런데 정작 금을 캔 것은 아버지가 아니라 밀턴이었다. 밀턴은 덴버에서 고급 캐러멜을 만드는 제과업자 밑에서 일하면서 초콜릿 품질을 높일 수 있는 비법을 알아냈다. 덴버 제과업자의 비법은 캐러멜에 신선한 우유를 더하는 것이었다. 우유는 캐러멜을 크림같이 풍부하고 부드러운 맛이 나게 하면서 버터 맛도 나게 해주었다. 이후 시카고와 뉴욕에서 사탕가게를 열었지만 이 역시 오래가지 못했다. 거듭된 실패에도 허시는 포기하지 않았고, 덴버에서 배운 비법은 성공의 발판이 되었다.

1883년 랭커스터로 돌아온 허시는 은행에서 대출을 받아 랭커스터 캐러멜사를 창업한다. 그는 신선한 우유를 섞어 '크리스털 A'라는 캐러멜을 만들었고, 영국 수입업자가 2,500달러 상당의 캐러멜을 주문하는 성과를 거두었다. 이 덕에 허시는 은행 빚을 모두 갚고, 새 재료와 설비를 구입할 수 있었다. 1890년대 초 랭커스터 캐러멜사는 공장 2개에 노동자 1,300명을 고용하는 중견기업이 되었지만 허시는 여기에 만족하지 않았다. 당시 부유층의 전유물이었던 초콜릿을 누구나 즐길 수 있게 하겠다는 꿈을 품었다.

1893년 시카고에서 열린 만국 콜롬비아 박람회는 허시의 꿈에 불을 지폈다. 허시는 박람회에서 독일에서 온 J.M. 레만 회사(J.M. Lehmann Company)의 초콜릿 압연 기계를 보고 매료되었다. 당시 밀크초콜릿은 스위스의 비밀공법으로 만들어진 명품 수입품으로 여겨졌는데, 허시는 이 기계로 초콜릿을 대량 생산할 수 있다고 확신했다. 오랜 고민 끝에 허시는 모험을 해보기로 결정하고 랭커스터 캐러멜사를 100만 달러에 매각하고 나서 허시 초콜릿 회사를 창업한다. 이때부터 아침 식

허시 초콜릿 광고 책자(1906~1946)

사용 코코아, 베이킹 초콜릿, 밀크초콜릿을 생산했다. 특히 밀크초콜릿바 '허시 코코아'는 미국 전역에서 큰 인기를 끌었다. 당시 밀크초콜릿의 생산 비용은 여전히 비쌌지만, 대량 생산할 수 있었기에 비교적 저렴한 가격으로 판매해 엄청난 성공을 거두었다.

1903년 허시는 초콜릿 공장뿐 아니라, 직원들이 살고 놀고 일하고 번영할 수 있는 이상적인 도시를 만들기로 한다. 그래서 미국 최고의 낙농장과 가까운 펜실베이니아 데어리 처치를 꿈의 도시로 선택했다. 이곳에서 허시는 목장 한가운데 공장을 짓고 주변에 사택, 교회, 상가를 건축하고 도로를 냈다. 이 초콜릿 공단은 하나의 마을을 이루어 오늘날 '초콜릿 도시' 허시가 되었다. 그는 성공의 열매를 다른 사람들과 공유할 도덕적 의무가 있다고 믿었다. 허시 부부는 1909년 저소득 가정의 아이들에게 무료로 주택과 교육을 제공하는 사립 기숙학교 MHS를 설립한다. 1930년대 대공황 시기에는 사람들이 계속 일할 수 있도록 대형 호텔, 커뮤니티 건물과 새 사무실을 건설하도록 했다.

1944년까지 자신의 초콜릿 제국을 이끌었던 허시는 87세에 이사회 의장직에서 물러났고, 1945년 88세로 숨질 때는 전 재산을 마을과 학교에 기부했다. 허시가 지금까지도 미국인들에게 추앙받는 이유는 단순히 초콜릿을 대중화했기 때문만이 아니다. 자신보다 불우한 사람들을 돕기 위해 막대한 부를 사용하는 데 주저하지 않았기 때문이다.

참고 자료

스위스 초콜릿, 네이버 세계음식명백과 / 초콜릿, 네이버 그랑라루스요리백과 / 초콜릿은 누가 만들었을까?, 네이버 음식백과(잘먹고 잘사는 법 시리즈)

한 소년의 손끝에서 시작된
명품 가방 창업자, 루이 뷔통

2021년 7월 세계적인 아이돌 그룹 BTS가 서울에서 열린 프랑스 패션 브랜드 루이비통 2021 가을/겨울 컬렉션 무대에 루이비통 홍보대사 자격으로 참여했다. 루이비통(외래어 표기법으로는 루이 뷔통이지만 국내에서 통용되는 브랜드명 표기를 따름)이 속한 그룹 루이비통 모에헤네시(LVMH)는 코로나19로 인한 불황에도 꾸준히 매출 증가세를 기록하고 있다. 에르메스, 샤넬과 함께 세계 3대 명품 브랜드로 꼽히는 루이비통은 '3초 백'이라는 수식어로도 유명하다. '3초 백'은 1930년대 등장한 원통형 가방 '스피디 30'이 엄청난 인기를 끌어 거리 곳곳에서 3

초마다 볼 수 있다고 해서 붙은 별명이다. 비스듬하게 새긴 V 와 L자 로고, 정사각형 격자무늬 패턴으로 상징되는 루이비통 이 처음부터 고급 가방은 아니었다. 루이비통은 실용적이고 편리한 여행 가방을 만들고자 했던 한 소년의 손끝에서 시작 되었다.

프랑스의 패션 디자이너 루이 뷔통(Louis Vuitton, 1821~1892) 은 1821년 프랑스 동부 앙쉐(Anchay) 마을에 있는 목공소 집안 에서 태어나 어릴 적부터 나무 다루는 법을 배웠다. 10세에 어 머니를 잃고, 14세에 아버지와 재혼한 계모에게서 벗어나려고 가방을 꾸려 파리로 도보 여행을 떠났다. 하지만 파리로 가는 동안 온갖 잡일을 하느라 집을 나온 지 2년 만인 1837년에 가서 야 파리에 도착한다.

여행 중에 목공 기술을 익힌 루이 뷔통은 파리에서 가방 제 조 전문가인 무슈 마레샬(Monsieur Maréchal)의 아틀리에에서 일을 배우며 여행 가방 제조자로서 경력을 쌓기 시작한다. 당 시에는 마차, 배, 기차가 주요 운송 수단이었고 수하물은 거칠 게 다루어졌다. 또 파리의 귀족 부인들은 수십 미터 길이의 실 크 드레스를 입는 것이 유행이었으며, 여행할 때는 그 드레스 들을 포플러나무로 만든 상자에 담아 마차에 싣고 다녔다. 그 래서 물건이 망가지지 않게 포장하는 일이 매우 중요했다.

루이 뷔통은 귀족들의 짐을 싸주는 일을 하면서 이름이 알려졌다. 섬세한 포장 기술로 귀족들 사이에서 최고의 패커(Packer: 짐 꾸리는 사람)로 소문이 나기 시작한 것이다. 그래서 프랑스 황제 나폴레옹 3세의 부인인 외제니 황후(Eugénie de Montijo)의 전담 패커까지 되었다. 이후 루이 뷔통은 외제니 황후의 지원을 받아 1854년에 자신의 이름을 내걸고 여행 가방 전문 매장 '루이비통'을 열었다.

당시 대부분 여행 가방이 둥근 모양이어서 긴 드레스를 담기 불편했고 여러 개를 쌓을 수도 없었다. 루이 뷔통은 이를 개선하기 위해 쉽게 쌓을 수 있고 옷을 똑바로 걸 수 있는 직사각형 모양의 뚜껑이 달린 평평한 가방을 개발하여 업계에 혁명을 일으킨다. 1858년에 첫선을 보인 '그레이 트레아농 캔버스(Grey Trianon Canvas)'는 열대 지방에서도 썩거나 냄새가 나지 않도록 가방 상단을 가죽으로 덮는 대신 포플러나무 프레임 위에 캔버스를 사용했다. 이 가방은 가볍고 방수가 되며, 밀폐되고 냄새가 나지 않아 여행할 때마다 가방 수십 개를 가지고 다녔던 귀족들에게 큰 인기를 얻었다. 1867년 루이비통 가방은 파리에서 열린 세계 박람회에서 동메달을 수상한다. 1872년에는 베이지색과 빨간색 줄무늬 캔버스로 만든 트렁크를 선보여 파리 엘리트들의 마음을 사로잡았고 럭셔리 제품으

MALLES ET SACS DE LOUIS VUITTON

Fabrique À ASNIÈRES (Seine)

SAC DE CABINE

MALLE CUIR POUR HOMMES

PARIS
1, Rue Scribe
TÉLÉPHONE 219-19

57, AVENUE MARCEAU
Téléphone 516-47

MALLE POUR CHAPEAUX DE DAMES

LONDRES

454, Strand

En face la Gare
de

CHARING CROSS

CATALOGUE
franco

MALLE POUR HOMMES

BOITE POUR CHAPEAUX D'HOMMES

루이비통 광고(1898)

로서 브랜드 위치를 확보할 수 있었다.

트레아농 캔버스가 인기를 끌자 다양한 모조품이 등장했다. 루이 뷔통은 모조품 방지를 위해 아들 조르주 뷔통(Georges Vuitton, 1857~1936)과 함께 1888년 다미에 캔버스(Damier canvas)를 개발했다. 다미에는 프랑스어로 '체크무늬'를 뜻하며, 베이지색과 갈색의 바둑판무늬에 규칙적인 간격으로 루이 비통 등록 상표인 'L.Vuitton Marque Déposée'라는 문구가 새겨져 있다. 다미에 캔버스는 1889년 파리에서 열린 세계 박람회에서 금메달을 받았지만 모조품을 막지는 못했다. 1896년에는 조르주 뷔통이 모노그램 캔버스(Monogram canvas)를 개발한다. 창업자인 루이 뷔통에게 경의를 표하는 뜻으로 그의 이니셜인 'L'과 'V'가 비스듬히 겹쳐지고, 꽃과 별 문양이 번갈아 교체되는 패턴이다. 이 두 패턴은 끊임없이 재해석되면서 전통을 간직한 루이비통의 상징으로 자리매김했다.

루이비통 가방은 철도 개설과 산업화로 교통수단이 다양해지고 여행 인구가 급증하면서 발전을 거듭한다. 1837년 파리 생제르맹 역에서 첫 기차 노선이 개통되었고 1883년부터는 파리-이스탄불을 달리는 오리엔트 특급 열차가 개통되었다. 1838년에는 대서양 항로가 개척되어 귀족들 사이에서 유람선 여행이 유행했다. 또 1886년에는 독일의 카를 벤츠가 내연기관 자동차를 발명하면서 자동차 여행이 시작되었다. 이러한 시대 변화를 놓치지 않았던 루이 뷔통은 유람선 객실 침대칸 밑에 넣을 수 있는 캐빈 트렁크, 자동차용 트렁크 등을 빠르게 개발했다. 1886년 조르주 뷔통은 여행용 트렁크가 쉽게 강도들의 표적이 되자, 트렁크 안의 물건을 안전하게 보호

할 수 있도록 '열리지 않는 자물쇠'라는 텀블러 자물쇠를 개발해 수하물 잠금 장치에 혁명을 일으켰다. 텀블러 자물쇠는 독특한 문양의 번호로 되어 있는 2개의 회전판 고유 잠금 시스템으로, 열쇠 한 개로 여러 개의 트렁크를 열 수 있다. 이 시스템은 특허를 받았고 오늘날에도 여전히 사용되고 있다.

실용적이면서도 혁신적인 가방을 만드는 일에 몰두했던 루이 뷔통이 1892년 사망한 후에는 조르주 뷔통이 경영권을 이어받았다. 조르주 뷔통은 루이비통을 세계적인 기업으로 만드는 데 힘썼고, 1914년에 파리 샹젤리제 거리에 7층 루이비통 매장을 열었다. 당시 세계에서 가장 큰 여행용품 전문 매장이었다. 1936년 조르주 뷔통이 사망하면서 그의 아들 가스통 루이 뷔통(Gaston-Louis Vuitton, 1883~1970)이 사업을 이어받았다.

이후 루이비통은 1978년 일본을 시작으로, 1983년에는 태국과 대만, 한국 등 아시아 시장에도 적극적으로 매장을 개장했다. 1984년 뉴욕과 파리 주식 시장에 상장했으나 가족경영의 한계에 부딪혔다. 1987년 샴페인과 코냑 제조업체인 모에 헤네시(Moët Hennessy)와 합병해 거대 럭셔리 기업인 LVMH 그룹을 설립한다. LVMH로 거듭난 루이비통은 가방을 넘어 의류, 보석, 신발, 선글라스, 시계 등을 제작·판매하는 프랑스의 명품 패션 브랜드로 우뚝 섰다.

글로벌 팬데믹에 세계경제가 정체에 빠진 가운데서도 매출 성장을 거듭하고 있는 루이비통은 친환경 운동화 '찰리'를 출시했다. 이 제품은 90퍼센트를 재활용·친환경 소재로 제작했을 뿐 아니라 제품을 감싸는 종이와 상자도 재활용할 수 있는 소재를 사용한다. "가방이 아니라 여행을 판다"는 철학으로 시대 변화를 정확히 읽어내고 실용적이고 편리한 여행 가방을 만들어온 루이 뷔통의 장인정신은 오늘날까지 이어지고 있다.

참고 자료

「"코로나 불황 몰라" 루이비통 1분기 매출 30% 급증」(《YTN》, 2021.04.14) / 루이 뷔통, 두산백과 / 루이비통, 네이버 세계브랜드백과 / 「루이비통도 삼성도 뛰어들었다, 그들이 '박스'에 진심인 까닭」(《중앙일보》, 2021.08.01)

정치학 박사에서 패션 회사로, 프라다를 이끈 미우치아 프라다

2007년 출시되어 18개월 만에 전 세계에서 100만 대 넘게 팔린 휴대폰이 있다. 국내 한 전자회사가 내놓은 세계 최초의 풀스크린 터치폰 '프라다폰'이다. 이름에서 알 수 있듯이 이탈리아 명품 브랜드 프라다가 제조사와 손잡고 제품 기획, 디자인, 마케팅 전략 등 모든 과정을 공동으로 추진해 포장재와 가죽 케이스까지 디테일한 고급스러움이 돋보였다. 그해 출시된 휴대폰 중 가장 비싼 가격대(88만 원)임에도 30~40만 원대 웃돈까지 붙을 정도로 선풍적 인기를 끌었고 제조사는 전성기를 맞았다. 평범한 휴대폰을 명품으로 만들어놓은 프라다의 저력은 어디서 시작되었을까?

100년 넘는 역사를 자랑하는 프라다(Prada)는 가죽 가방을 비롯해 액세서리, 신발, 의류 등을 제조·판매하는 이탈리아 패션 명품 브랜드다. 프라다를 소규모 가족기업에서 명품 반열에 올려놓은 이는 3대 회장이자 수석 디자이너인 미우치아 프라다(Miuccia Prada)이다. 프라다는 미우치아의 외할아버지 마리오 프라다(Mario Prada, ?~1958)가 1913년 이탈리아 밀라노에 오픈한 가죽제품 전문 매장인 '프라텔리 프라다(Fratelli Prada)'에서 출발한다. 초기에는 가죽제품과 영국에서 수입한 핸드백, 트렁크를 판매했는데 품질이 좋아 1919년에는 이탈리아 사보이 왕실의 공식 납품업체로 지정되었다.

1949년 이탈리아 밀라노에서 태어난 미우치아 프라다는 패션을 공부하지 않았고 관심도 없었다. 밀라노 국립대학에서 정치학 박사 학위를 받은 미우치아는 당시 많은 젊은이가 그랬듯이 정치와 사회적 이슈에 관심이 많았다. 1960년대 후반에는 이탈리아 공산당 당원이자 이탈리아 여성연맹의 회원으로 활동할 정도로 열성적인 사회운동가였고, 5년 동안 피콜로 테아트로(Piccolo Teatro) 극장에서 마임을 공부하기도 했다. 미우치아는 공산주의, 여권운동, 팬터마임에 심취했지만 외할아버지의 뒤를 이어 어머니가 운영하던 가업이 제2차 세계대전

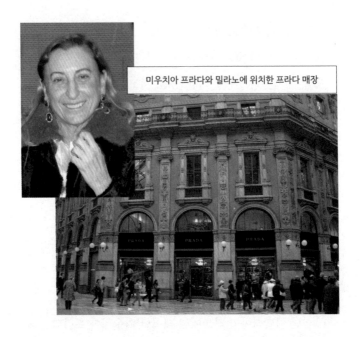
미우치아 프라다와 밀라노에 위치한 프라다 매장

이후 쇠락의 길을 걷다가 1970년대 파산 직전에 놓이자 합류했다.

　1977년 프라다를 이어받은 미우치아 프라다는 경영과 홍보 방식, 브랜드 정체성을 완전히 바꿔놓았다. 패션 디자인을 전혀 배운 적이 없는 미우치아는 자신만의 독특한 방식으로 디자인 팀을 꾸려나갔다. 프라다는 1980년대까지 고급 가죽제품을 만들어왔는데, 사업이 사양길에 접어들자 미우치아는 비실용적인 가죽을 대체할 새로운 소재를 물색했다. 이때 그의 눈에 띈 것이 가죽 트렁크 보호용 소재로 사용하던 포코노(Pocono)였다. 포코노는 조밀하게 제작한 나일론 방수 직물로, 가죽에 비해 가벼우면서도 질겨 주로 낙하산이나 비옷을 포함한 군수품 제작에 사용되었다. 1979년 이 소재로 만든 백팩과 토트백 세트를 출시했는데, 별다른 장식 없이 프라다 로고가 새겨진 삼각형 금속 라벨만 부착되었다. 처음에 소비자들은 단조로운 디자인에 냉랭한 반응을 보였다. 미우치아는 1985년 디자인을 보강해 새로운 백팩을 출시한다. 새로운 가방의 가치를 알아본 소비자들이 기하급수적으로 늘어나면서 이 제품은 전 세계 백화점과 부티크에서 판매될 정도로 인기를 끌었고, 20세기를 대표하는 잇 백(It Bag)으로 자리매김한다. 가볍고 물에 젖지 않아 실용적이며 어느 옷에나 잘 어울리는 포코노 백은 새로운 패션 트렌드를 형성하여 패션업계에서 그의 이름을 알리는 계기가 되었고, 프라다를 세계적인 브랜드로 발돋움하게 했다.

당시 대부분의 여성 패션이 여성의 섹시함을 강조하는 화려한 디자인에 치중했지만 미우치아는 여성의 현실을 보았다. 그는 일하는 여성에게 필요한 것은 여성성을 돋보이게 하는 옷이 아니라 무난하면서도 실용적이고, 전문적이면서도 지적인 옷이어야 한다고 생각했다. 1989년부터 첫 여성복 컬렉션을 선보이며 비평가들의 찬사를 받았고, 1993년에는 10대 후반과 20대 초반을 겨냥한 미우미우(Miu Miu), 1994년 남성복 워모(Uomo), 1997년 언더웨어 프라다 인티모(Intimo), 1998년 프라다 스포츠웨어를 잇달아 출시하면서 사업 영역을 확장했다. 단순함과 실용성에 바탕을 둔 프라다 남성복은 20년이 훌쩍 지난 지금까지도 여전히 사랑받는 디자인이다.

미우치아는 국제 패션 발전에 기여한 공로를 인정받아 많은 상을 받았다. 1994년 오스카 패션상을 받았고, 2005년 미국 주간지《타임》은 "기이하고 지극히 개인적인 감성으로 수년간 동료들을 자극하고 영향을 주었다"며 세계에서 가장 영향력 있는 100인 중 한 명으로 선정했다. 2013년에는 영국패션협회가 주는 올해의 국제 디자이너상을 수상했고, 2018년에는 더 패션 어워즈에서 '최고 공로상'을 수상하기도 했다.

젊은 시절 마임에 심취했을 만큼 예술가적 자질을 갖춘 미우치아는 예술에도 조예가 깊었다. 1993년 프라다 밀라노 아르테(Prada Milano Arte)를 오픈하여 다양한 예술 전시를 유치해 호평을 받았고, 2년 후에는 프라다재단(Prada Foundaton)을 설립했다. 프라다재단은 예술 후원을 위해 막대한 투자를 하고 있으며, 건축가와 예술가를 포함한 다양한 신진 디자이너들을 초대해 여러 문화 공연을 선보이면서 밀라노를 예술 중심지로 만들어가고 있다.

프라다는 동물복지, 친환경 흐름에도 동참했다. 2020년 봄/여름 여성복 컬렉션부터 자사의 모든 브랜드에 모피 사용을 중단한다고 선언했고, 2021년 여름에는 낚시 그물과 방직용 섬유 등 플라스틱 폐기물을 재활용해서 얻은 재생 나일론 '에코닐(ECONYL)'을 사용한 '리나일론(Re-Nylon)' 프로젝트를 론칭했다.

열성적인 페미니스트이자 진보주의자였던 미우치아의 성향은 프라다의 제품 개발과 운영에도 고스란히 반영되었다. 미우치아는 여성을 수동적 존재가 아니라 강인하고 적극적인 존재로 해석해 여성들에게 지지받는 제품을 만들어냈다. "혁신과 사회적 책임은 프라다 그룹의 설립 가치 중 하나"라고 말하는 미우치아 프라다의 도전은 지금도 계속되고 있다.

참고 자료

프라다, 네이버 세계브랜드백과 / 「프라다폰의 추억」(《머니투데이》 2021.04.16) / 미우치아 프라다, 네이버캐스트(패션 디자이너) / 프라다 나일론 백, 네이버캐스트(패션 아이콘) / 「7800만 원짜리 명품시계, 99% 재활용 소재로 만든다」(《중앙선데이》, 2021.06.26)

더위에서 인류를 구한 발명가, 윌리스 케리어의 숨겨진 이야기

어린 시절 무더운 여름날 은행이나 관공서에 가서 더위를 피했던 기억이 한 번쯤 있을 것이다. 에어컨은 오늘날에는 필수 가전제품으로 자리 잡았지만 1970~1980년대만 해도 가격이 비싸고 전기요금도 무시할 수 없어 부잣집에서나 사용할 수 있었다. 통계청에 따르면 한국 에어컨 보급률은 2013년 가구당 0.78대였다. 2019년 전력거래소 조사에 따르면 가구당 0.97대로 늘었지만 한 집에 여러 대 있는 경우가 있어 전체 보급률은 81.9퍼센트다. 집집마다 에어컨이 있는 것처럼 보이지만 소득이 100만 원 이하인 가정은 2019년 기준 에어컨을 0.5

젊은 시절의 윌리스 캐리어(1915)

대 소유하고 있는 것으로 나타나 지방자치단체에서는 무더위 쉼터를 운영하고 있다. 버스, 지하철, 은행, 영화관, 서점, 식당 등 곳곳에 설치되어 여름 나기를 도와주는 고마운 에어컨은 누가 만들었을까?

실내 공기의 온도와 습도를 조절하는 장치 에어컨은 '근대 공기조화의 선구자'로 불리는 미국 공학박사 윌리스 캐리어 (Willis Haviland Carrier, 1876~1950)가 발명했다. 1876년 미국 뉴욕에서 태어난 캐리어는 어렸을 때 분수 개념을 이해하지 못해 어머니가 사과를 여러 조각으로 잘라 분수를 가르쳤다. 캐리어는 당시 어머니가 시키는 대로 사과를 2등분, 4등분, 8등분 해서 자르고 그것을 더했다 뺐다 하면서 분수를 이해할 수 있었고 어떤 다른 문제도 어렵지 않을 것 같다고 느꼈다. 이때 문제를 해결하는 게 얼마나 중요한지 깨달은 캐리어는 문제에 대한 해답 찾기를 즐겼다. 때로는 한 문제를 가지고 1~2년 동안 고민하기도 해 청년 시절에는 '문제 해결의 천재'라는 소문이 퍼졌다. 캐리어는 1901년 코넬대학 기계공학과를 졸업한 후 난방 및 배기 시스템을 생산하는 버펄로 포지회사(Buffalo Forge Company)에 입사해 주급 10달러를 받고 엔지니어로 일했다. 당시 캐리어가 맡은 임무는 '난방 시스템' 연구였다. '열'을 연구하던 그는 온도와 습도로 연구 범위를 확대했고 공기 순환까지 고려한 시스템을 개발해 겨울철 난방비를 4만 달러가량 절약하는 성과를 거두었다. 또한 그는 코일에 뜨거운 수증기를 채운 뒤 공기를 순환시켜 난방을 하는 열풍 히터(Hot Blast Heater) 기술도 개발하고, 목재 건조기와 커피 건조기 등을 디자인하면서 이력을 쌓았다.

이 무렵 습도 때문에 골머리를 앓고 있던 한 인쇄소가 습도 문제를 해결해달라고 그에게 의뢰해왔다. 여름만 되면 고온과 습기 때문에 인쇄용지가 변질되어 책을 제대로 만들 수 없다는 것이다. 캐리어는 안개가 짙게 낀 밤에 뉴욕 피츠버그 기차역에서 자욱한 증기 기관의 수증기를 보고 번뜩이는 아이디어를 생각해낸다. 미세한 수분으로 안개를 만들 수만 있다면 공기 중 열과 습도를 조절할 수 있다는 가설을 떠올린 것이다. 이 가설을 토대로 수많은 실험을 진행한 결과, 기존 난방 시스템의 원리를 활용하여 코일을 통해 냉수를 순환시킨 다음 공기 흐름의 속도와 온도의 균형을 맞춰 온도를 낮추는 기계를 개발해냈다. 이것이 바로 현대 에어컨의 시초이자 에어컨이 작동하는 원리의 토대가 되었다. 인쇄소는 캐리어 덕분에 여름에도 문제없이 인쇄할 수 있게 되었다. 인쇄소뿐 아니라 미국 남부 지역에 있던 한 직물 공장도 캐리어의 도움을 받았다. 이 직물 공장은 공기 중의 습기 부족으로 정전기가 심하게 일어 직물을 짜기가 어려웠다. 캐리어는 이때도 공기 중의 습도를 조절해 섬유에 보풀이 생기지 않게 했다.

캐리어가 개발한 시스템은 끊임없는 연구와 개량 끝에 1906년 '공기조절장치(The Apparatus for Treating Air)'라는 이름으로 특허를 획득하며 공조업계에서 인정받기 시작한다. 캐리어의 에어컨은 상용화에 성공했고, 1907년 처음으로 일본 요코하마의 비단 공장으로 수출을 시작해 세계 곳곳으로 팔려나갔다. 캐리어가 개발한 공기조절장치 덕분에 면도날, 영화 필름, 가공 담배, 제과, 신발, 비누, 약품에 쓰이는 캡슐, 군수품 등 수많은 제조업체가 고품질 제품을 계절에 관계없이 대량으로 생산할 수 있게 되었다.

1914년에 일어난 제1차 세계대전은 캐리어에게 중요한 전환점이 되었다. 전쟁이 발발하자 버펄로 포지회사는 에어컨과 같은 공조 시스템 사업을 접고 군수물자 생산에 집중하기로 결정한다. 이에 실망한 캐리어는 에어컨을 대중화하기 위해 자신만의 회사를 설립하기로 마음먹고, 1915년 친구들과 3만 2,600달러를 모아서 자신의 이름을 딴 캐리어 공학회사(Carrier Engineering Company)를 설립했다. 캐리어 에어컨은 초기에는 공장 등 산업 현장에서만 쓰였지만 1920년대 들어 민간 영역으로도 확산되었다. 1924년 디트로이트의 허드슨 백화점을 시작으로 1925년 뉴욕시 리볼리 극장에 이어 1928년과 1929년에는 미국 하원과 상원 의원실에 에어컨이 설치되어 의원들이 더위를 핑계로 자리를 비우는 것을 막아주었다. 특히 리볼리 극장에 캐리어 에어컨이 설치되면서 대중은 놀라운 경험을 한다. 더운 여름철에는 사람들이 부채질을 하느라 영화에 집중하지 못했는데 에어컨이 설치되면서 실내 온도와 계절에 관계없이 영화를 즐길 수 있게 된 것이다. 이후 캐리어는 300개 넘는 극장에 에어컨을 공급했다.

에어컨을 발명해 삶의 방식에 혁신을 일으킨 캐리어는 리하이대학(1935)과 앨프리드대학(1942)에서 명예박사 학위를 받왔다. 캐리어는 1950년 73세에 세상을 떠났지만 에어컨 산업은 이후 급성장했다. 1950년대 전후 경제 호황기 동안 에어컨은 엄청난 인기를 끌기 시작했는데, 특히 미국 남부 지역을 중심으로 빠르게 보급되었다. 에어컨이 보급되기 전에는 더운 열대 지방에 대도시가 들어서는 것은 상상할 수 없었지만, 캐리어 덕분에 고온 다습한 싱가포르도 대도시가 될 수 있었다. 리콴유 싱가포르 초대 총리는 "에어컨이 없었다면 오늘날의 싱가포르도 없었을 것이다. 에어컨이야말로 인류 역사상 가장 위대한 발명품이다"라고 말했다.

에어컨을 발명해 인류 역사에 지대한 영향을 미친 캐리어는 1985년 미국 국립 발명가 명예의 전당에 헌액되었고, 1998년에는 미국 주간지 《타임》이 선정한 '20세기 가장 영향력 있는 인물 100인'에 이름을 올렸다. 캐리어야말로 '더위에서 인류를 구한 발명가'이자 '에어컨의 아버지'다.

참고 자료

「더위에서 사람 구한 발명가… 에어컨은 어떻게 만들어졌나」(《IT동아》, 2018.07.30) / 「최초의 에어컨 발명자 '윌리스 캐리어'… 에어컨 브랜드로 이어져」(《시선뉴스》, 2019.09.14)

5,000번 넘게 실패하고
만들어낸 괴짜 청년의
다이슨 청소기

바닥에 쌓인 먼지와 티끌을 쏙쏙 빨아들여 빗자루에서 해방시켜준 진공청소기는 일상생활에서 없어서는 안 될 가전제품 중 하나지만 먼지봉투를 갈아야 하는 불편함이 있다. 회전축에 붙은 날개를 전동기로 돌려 바람을 일으키는 선풍기는 날개를 분리해야 해 청소하기도 어렵고 아이들이 돌아가는 선풍기에 손가락을 넣는 경우도 있어 위험하다. 젖은 머리를 쉽게 말릴 수 있는 헤어드라이기는 시끄러운 소음 때문에 바로 옆 사람 말도 잘 들리지 않는다. 오랜 세월 당연하게 여겨온 이런 불편함을 없애준 사람이 있다. 구멍 뚫린 헤어드라이어, 먼지

다이슨 창업자 제임스 다이슨

2001년 출시된 진공청소기 DC07

봉투 없는 진공청소기, 날개 없는 선풍기 등 고정관념을 깨뜨리는 발명으로 혁신을 거듭해온 영국 기술기업 다이슨의 창업자 제임스 다이슨(James Dyson)이다.

영국 여왕에게 훈장까지 받은 영국의 대표적 기업가이자 발명가인 제임스 다이슨은 1947년 영국의 농촌 중산층 가정에서 태어났고 9세 때 아버지를 잃었다. 다이슨은 배우가 되고 싶었던 아버지가 평생 꿈을 이루지 못한 채 세상을 떠나는 모습을 지켜보면서 자신은 좋아하지 않는 일에 끌려다니지 않겠다는 결심을 한다. 그는 어릴 때부터 자신에게 닥친 문제를 스스로 해결하는 데 익숙해서 진로도 누구의 도움 없이 결정했다. 다이슨은 그리거나 무엇인가 개발하는 것을 좋아했다. 그래서 영국 왕립예술대학(Royal College of Art, RCA)에 진학해 인테리어 디자인과 구조공학을 공부했다. 대학 졸업 후에는 영국 기술기업인 로토크(Rotork)에 취직해 무거운 화물을 신속하게 운반할 수 있는 고속 상륙선 '시트럭(Sea Truck)'을 개발한다.

이후 독자적으로 연구와 개발을 하고 싶어서 4년 만에 퇴사를 하고 동료와 함께 '커크다이슨'이라는 회사를 차린다. 1974년부터 플라스틱 공에 물을 채워 문턱을 넘을 때 흠집이 생기지 않는 바퀴를 개발해 정원용 외바퀴 손수레인 '볼베로(Ballbarrow)'를 생산했다. 사소한 불편을 덜 수 있는 아이디어로 상업적인 성공을 거두었지만 볼베로는 누구나 쉽게 비슷한 제품을 내놓을 수 있다는 단점이 있었다. 이는 아이디어에 기반한 제품으로 기술력을 요하는 디자인이 아니기 때문이다. 그래서 볼베로와 비슷한 디자인의 제품들이 쏟아졌고, 급격히 사세가 기울기 시작했다. 게다가 그는 투자자들과 갈등을 겪었고 동료의 배신으로 볼베로의 특허권마저 뺏기고 회사에서

쫓겨났다.

  모든 것을 잃은 다이슨은 디자인 전공자답게 엔지니어링을 산업디자인에 독특하게 적용하는 방법을 연구한다. 이때 우연히 먼지봉투가 없는 청소기를 개발하겠다는 아이디어가 떠올랐다. 아버지가 돌아가신 후 집안일을 도왔던 다이슨은 청소할 때마다 먼지를 제대로 빨아들이지 못하는 진공청소기 때문에 불편했다. 그는 원인을 찾으려고 청소기를 분해했고 먼지봉투에 먼지가 껴서 흡입력이 떨어진다는 것을 발견했다. 심지어 먼지봉투가 다 찬 것도 아니었는데 먼지가 봉투 입구를 막아 생긴 문제였다. 그는 먼지를 청소기 내에 보관하지 않고 휴지통에 버린다면 진공청소기의 흡입력을 유지할 수 있다는 것을 깨달았다. 그래서 공기에서 먼지를 제거하기 위해 사이클론 분리기를 사용하는 산업용 제재소에서 영감을 얻어 새로운 원리의 진공청소기를 발명한다. 원심분리기식 집진 장치를 이용해 원통 바깥쪽으로 먼지를 모으는 형식인데 탈수기에서 물이 빠지는 것처럼 원통 안의 더러운 먼지를 빠르게 회전시켜 원통 벽 쪽으로 먼지가 몰리게 하는 원리였다. 이 원리를 적용해 만든 진공청소기는 구멍이 막힐 일이 없으므로 흡입력이 떨어지지 않았다.

  다이슨은 1979년부터 1984년까지 꼬박 5년간 연구에 매달려 시제품을 5,127개나 제작한 끝에 마침내 지포스(G-FORCE)라는 청소기를 세상에 내놓았다. 20세기의 가장 상징적인 디자인으로 꼽히는 먼지봉투 없는 진공청소기를 개발했지만 성공으로 가는 길은 순탄하지 않았다. 당시 먼지봉투 판매로 수익을 올리던 가전업체와 유통업체 모두 먼지봉투 없는 청소기의 필요성을 느끼지 못했기 때문이다. 결국 그는 일본으로 가서 1991년 국제디자인페어에서 '지포스'를 알리고 우편 주문 카탈로그 판매에 나섰다. 일본에서는 다이슨 청소기가 혁신기술이라는 점이 널리 알려지면서 수익이 발생하기 시작했다. 2년 뒤인 1993년 다이슨은 마침내 고향 영국에 다이슨사를 설립하고 사이클론 방식을 적용한 '먼지봉투 없는 진공청소기 DC01'을 선보인다. 이 청소기는 경쟁 제품보다 상당히 비쌌지만 출시 18개월 만에 영국 진공청소기 판매 1위를 차지할 만큼 인기를 얻었고 미국, 호주, 뉴질랜드, 서유럽과 캐나다에서도 진공청소기 시장 판도를 바꿔놓았다. 10년 뒤인 2003년에는 유럽 청소기 시장 점유율 1위를 차지하고, 그해 다시 미국 땅을 밟아 3년 만에 진공청소기의 원조인 후버(Hoover)사를 제치고 판매금액 기준 1위를 달성했다.

설립한 지 28년이 지난 다이슨은 현재 82개국에서 제품을 판매하는 글로벌 기업으로 성장했고 직원 1만 2,500명 중 절반가량이 엔지니어나 과학자일 만큼 '일상 문제를 해결하는 기술(Problem Solving Technology)'이라는 경영 철학을 바탕으로 기술 연구와 투자에 매진하고 있다. 창립자 제임스 다이슨은 영국 제1의 부자가 되었지만 여전히 티셔츠와 청바지 차림으로 출근한다. 지분 100퍼센트를 보유하고 있지만 최고기술자로서 기술 개발에 집중하고 경영은 전문가에게 맡겼다. 지금도 그는 연구실에 있을 때가 가장 행복하다고 한다.

5,000번이 넘는 실패에도 좌절하지 않고 먼지봉투 없는 청소기 개발에 성공해 '혁신의 대명사'로 자리매김한 다이슨은 "나는 실패를 결코 두려워하지 않는다. 매번 실패에서 무언가를 배웠고, 그것이 내가 해법을 찾는 방법이기 때문이다"라고 말한다.

참고 자료

「직원 절반이 엔지니어·과학자인 이 회사는?」(《이코노믹리뷰》 2021.06.29) / 진공청소기의 원리, 네이버캐스트(원리사전) / 「다이슨이 '지속가능한 지구'를 생각하는 방법」(동아닷컴, 2021.06.08) / 「날개 없는 선풍기, 비행기에서 배웠다」(《KISTI의 과학향기》, 2011.08.08) / 「제임스 다이슨 다이슨(Dyson) 최고기술자」(《한국일보》 2017.05.31) / 제임스 다이슨, 네이버캐스트(디자이너 열전) / 사이클론 진공 청소기, 죽기 전에 꼭 알아야 할 세상을 바꾼 발명품 1001

ECONOMY

（5）

망해버린
제품
이야기

21세기 최악의 기술, 구글 글래스

2019년 미국 정보기술(IT) 매체《더 버지》는 지난 10년 동안 테크 분야에서 가장 큰 실패작 84가지를 발표했다. 1위는 망중립성 폐지를 선언한 아지트 파이(Ajit Pai) 미국 연방통신위원회(FCC) 의장이 차지했고, 2위는 배터리 폭발사고를 일으킨 삼성 갤럭시 노트 7이었다. 그 뒤를 이어 구글 글래스가 5위에 오르는 불명예를 안았다. 미국 MIT에서 발행한《테크놀로지리뷰》는 '21세기 최악의 기술' 중 하나로 구글 글래스를 뽑기도 했다. 구글 공동 창업자 세르게이 브린(Sergey Brin)이 내놓아 스마트폰을 대체할 웨어러블 스마트 기기로 주목받았던 구글 글래스는 어쩌다 실패한 제품이 되었을까?

구글이 만든 '스마트 안경'인 구글 글래스는 증강현실(AR, Augmented Reality: 현실 세계에서 3차원 가상 물체를 겹쳐 보여줌) 기술을 활용한 웨어러블 컴퓨터(Wearable Computer: 옷을 입듯이 몸에 착용하는 컴퓨터)다. 스마트폰처럼 안드로이드 운영체제(OS)를 통해 사진도 찍고 인터넷 검색도 하며 길 안내도 받을 수 있다. 음성 명령에 따라 작동하는 구글 글래스는 내장된 소형 마이크에 '오케이 글래스(Okay Glass)'라는 명령어를 내린 후 실시간 촬영이나 SNS 공유, 문자 전송, 내비게이션 등을 즐길 수 있다. 블루투스 기능을 활용하면 안드로이드 운영체제를

구글 글래스를 착용하고 측면의 터치패드를 이용해 제어할 수 있다.

사용하는 스마트 기기나 아이폰과도 연동할 수 있다. 오른쪽에 있는 작은 창에 뜨는 화면에서 몇 가지 손동작을 하면 명령어를 선택하거나 통화 상대를 고를 수도 있다. 구글 글래스는 발표 당시 '웨어러블 기기의 혁명'이라고 소개되며 큰 기대를 모았다.

구글 글래스 개발을 주도한 세르게이 브린은 1996년 스탠퍼드대학 박사과정 재학 중에 만난 동갑내기 친구 래리 페이지(Larry Page)와 구글을 공동 창업한다. 수학 천재였던 브린과 컴퓨터를 전공한 부모 슬하에서 컴퓨터 신동으로 자란 페이지는 '페이지랭크'라는 독자적인 검색 알고리즘을 개발해 검색 시장을 장악하고, 구글을 세계 최대 인터넷 검색 서비스 회사로 성장시켰다. 구글이란 이름은 10의 100제곱을 뜻하는 수학 용어 구골(Googol)에서 유래한다.

2011년부터 구글 기술부문 사장을 맡은 브린은 '구글X'라고 불리는 비밀조직을 만들어 창의적이고 혁신적이며 이 세상에 없는 것을 새롭게 내놓으려고 했다. 구글X는 무인자동차나 스마트 콘택트렌즈, 특수 풍력 발전기 등 모험적인 프로젝트들을 관장하는 부서다. 브린의 대표작으로 통하는 구글 글래스가 바로 구글X에서 나왔다. 2012년 구글 글래스를 개발하는 '프로젝트 글래스'를 선언한 브린은 그해 6월 27일에 열린 구글 개발자 대회에서 구글 글래스를 발표해 폭발적인 관심과 기대를 모았다. 깜짝쇼처럼 진행된 시연회에서 브린은 갑자기 무대에 올라 어리둥절한 표정을 짓고 있는 관중들에게 무대 뒤의 대형 화면을 보여주었다. 샌프란시스코 상공에 떠 있는 비행선과 연결된 화면에서는 스카이다이버들이 낙하를 시작했다. 곧이어 낙하하는 다이버들의 눈앞에 보이는 풍경들이 마치 블록버스터 영화를 보는 것처럼 생생하게 화면에 나타났다. 잠시 후 그 화면은 발표회장인 모스코니센터의 지붕을 비추더니 3층 발코니에서 행사장 무대로 이어졌다. 스카이다이버들이 지붕에 착륙한 후 밧줄을 타고 내려와 미리 준비된 자전거를 탄 채 무대에 오른 것이다. 그때 브린은 구글 글래스를 들어 보이며 "상상도 못 할 미래가 우리 앞에 놓여 있음을 보여주는 기계"라고 소개했다. 관중은 열광했고 구글 글래스는 새로운 형태의 웨어러블 기기로 주목받으며 상품화되어 2014년부터 판매하기 시작했다. 그러나 불과 1년여 만인 2015년 1월 29일 구글 최고 재무책임자인 패트릭 피셰트는 실적 발표 현장에서 "구글 글래스 개발팀은 장애물을 넘지 못했다"고 말했다. "잠시 시간을 갖고 전략을 다듬는 것이 최선"이라는 사족을 붙였지만 사실상 '우리 제품은 실패했다'고 선언한 셈이다. 웨어러블 기기의 새로운 시대를 열 것이라는 찬사 속에 등장한 구글 글래스는 불과 3년도 안 돼 왜 쓸모없는 기계덩어리가 된 것일까?

구글 글래스가 참패한 이유에는 여러 가지가 있지만, 무엇보다 가격이 너무 비쌌다. 최초의 생산 모델은 '익스플로러 에디션(Explorer Edition)'이었는데, 정식으로 완성되지 않았으니 더 개발해야 한다는 엔지니어들의 우려에도 불구하고 1,500달러(약 162만 원)에 판매했다. 또 머리 가까이에 발암성 방사선을 지속적으로 방출하는 장치가 있다는 생각에 많은 사람이 거부감을 가졌다. 아이폰이나 갤럭시폰 같은 다른 모바일 장치도 유해한 방사선을 방출하지만 항상 피부에 직접 접촉하지는 않는다. 이 외에도 구글 글래스에 내장된 카메라는 언제든지 녹화하거나 사진을 찍을 수 있어 개인정보를 침해할 수 있었다. 이는 지하철이나 식당에서 옆에 앉아 있는 사람이 내 사진이나 영상을 찍을 수 있음을 의미한다. 또 영화를 불법 촬영할 가능성이 있기에 많은 영화관에서 구글 글래스 착용을 금지했고 은밀한 녹음을 꺼리는 카지노에서도 환영받지 못했다. 게다가 디자인도 매우 어색해 매력적이지 않았다. 결국 구글 글래스를 구입하는 것은 소비자에게 어떠한 이점도 제공하지 못했던 것이다.

단순한 상품 실패가 아니라 구글의 IT디바이스 사업 이미지 자체에 악영향을 끼칠 정도로 비난받자 구글은 구글 글래스 판매를 중단하고, 타깃 고객을 일반인에서 기업체로 바꾸었다. 2017년 구글 글래스 에디션1을 출시하여 제조, 의료, 물류 분야에서 활용하기 시작해 2019년 5월에는 기업용 구글 글래스 에디션2를 공개했다. 이 제품은 배터리 수명이 길어졌고 형태도 일반 안경과 비슷하다. 가격도 999달러(약 119만 원)로 경쟁사 제품보다 저렴한 편이다. 특히 안드로이드 운영체제를 채택해 첫 모델보다 이용자들이 사용하기 쉬워 보인다.

구글 글래스는 실패한 제품이지만 구글은 실패 자체를 비판하거나 부정하지 않는 문화로 유명하다. 구성원의 실패를 용인하고 오히려 장려하는 시스템은 오늘날 구글이 시장을 선도하는 기업으로 성장하는 데 원동력이 되었다.

참고 자료

「'혁신'의 구글, '망작'도 많았네」(《경향비즈》, 2019.12.24) / 「세르게이 브린 구글 창업자 겸 기술담당사장」(《중앙일보》 2015.04.12) / 「구글 창업자 페이지·브린, 1,000억 달러 자산가 클럽 합류」(《한국경제》 2021.04.12) / 구글 글래스, 네이버 트렌드지식사전1 / 「구글, '노스' 인수… 스마트 글래스 시장에 재도전」(《AI타임스》, 2020.07.02) / 「나날이 진화하는 구글 글래스」(《사이언스타임즈》 2014.10.02) / 「구글의 실패가 부럽다」(《동아일보》 2015.02.09)

미국 신발 브랜드
탐스가 쇠락한 이유

'착한 신발', '착한 소비', '국민 신발'. 모두 미국 신발 브랜드 탐스를 일컫는 수식어다. 한때 스칼릿 조핸슨, 키라 나이틀리, 시에나 밀러 같은 할리우드 스타들도 즐겨 신었을 만큼 전성기를 누렸던 탐스가 2019년 몰락했다. 고객이 하나를 구매할 때마다 도움이 필요한 사람에게 하나를 전달하는 'One For One' 캠페인으로도 유명한 탐스는 지난 2013년 6월 말 기준 신발 1000만 켤레를 기부했다. 당시 탐스 공식 스토어에서 구매하는 국내 고객을 대상으로 쇼핑백 대신 1000만 켤레 기부 기념 에코백을 전달하는 행사를 진행해 화제가 되었다. 슬립

탐스의 슬립온 슈즈

온 슈즈 시장의 강자로 승승장구하던 탐스는 어쩌다 몰락하게
되었을까?

평평한 고무바닥과 가죽 안창에 캔버스를 두른 단순한 형
태의 신발 뒤꿈치에 앙증맞게 달린 로고에 쓰인 TOMS는
무슨 의미일까? 바탕이 되는 하늘색과 흰색의 줄무늬 사각
형은 아르헨티나 국기에서 가져왔다. 그 위에 적혀 있는 이
름 'TOMS'는 'Shoes For Tomorrow(내일을 위한 신발)', 즉
'TOMorrow Shoes(내일의 신발)'를 줄인 말이다. 이 둘을 합치
면 '아르헨티나의 내일을 위한 신발'인 셈이다. TOMS(탐스)
는 신발과 아이웨어를 제작·판매하는 미국 기업으로, 2006년
블레이크 마이코스키(Blake Mycoskie)가 창립했다. 세탁 서비스

사업과 TV 네트워크 사업을 했던 마이코스키는 아르헨티나를 여행하던 중 아이들이 맨발로 먼 길을 걸어 다니는 모습을 보고 수많은 아이가 신발조차 신을 수 없는 빈곤에 시달리고 있다는 사실을 알게 되었다. 그는 이들에게 도움을 줄 수 있는 방법을 구상하다 아르헨티나의 전통 신발인 알파르가타스(Alpargatas)를 현대적으로 변형해 신발을 만들기로 결심한다. 알파르가타스는 캔버스로 만든 납작한 신발인데 끈을 발목에 감아 고정하고, 밑창은 삼베를 엮어 만든 것이다. 마이코스키가 이 신발을 발견했을 때는 아르헨티나 폴로 선수들이 즐겨 신고 있었다.

미국으로 돌아온 마이코스키는 자신이 운영하던 온라인 운전학원을 50만 달러에 팔고 그 자금을 투자해 탐스를 설립한다. 알파르가타스의 편안한 착화감에서 영감을 얻어 편안한 슬립온 슈즈를 만들었고, 한 켤레가 팔릴 때마다 한 켤레를 신발이 없는 어린이들에게 기부하는 'One For One'이라는 캠페인을 전개했다. 설립 초기 탐스는 제품 홍보를 위한 적극적인 광고나 마케팅 전략을 시도하지 않았기에 처음 계획했던 기부 목표량은 대략 신발 200켤레 정도였다. 하지만 다양한 디자인과 편안한 착용감이 사람들의 관심을 끌기 시작했고 탐스의 선한 아이디어에 공감한 많은 사람이 동참한 덕분에 2006년에는 1만 켤레, 2009년 40만여 켤레, 2010년 4월 60만여 켤레에 이어 9월에는 100만 켤레를 맨발의 아이들에게 기부했다. '내일을 위한 슈즈'라는 철학에 매료된 할리우드 스타들이 탐스 신발을 직접 구매해 신기 시작한 것도 많은 도움이 되었다.

이러한 성공에 힘입어 탐스는 생존에 필요한 다양한 문제에 관심을 가졌다. 특히 시력장애 문제에 주목해 2011년 탐스 아이웨어를 론칭하고 신발과 마찬가지로 'One For One' 캠페인을 진행했다. 탐스 아이웨어 하나를 구입하면 제3세계 어린이들에게 시력교정용 안경을 처방하거나 시력보존을 위한 수술 등 의학적 서비스를 제공한다. 시력보존을 위해 백내장 수술도 해주었다.

'착한 기업'이라는 이미지를 바탕으로 승승장구하던 탐스가 경영 악화로 채권단 공동관리를 받을 정도로 몰락하게 된 원인은 무엇일까? 초기 슬립온 슈즈의 성공과 퍼네이션으로 흥행을 이끌어낸 탐스는 이후 제대로 된 후속 제품을 내놓지 못했다. 퍼네이션(Funation)은 재미(Fun)와 기부(Donation)의 합성어로, 흥미와 즐거움을 느끼며 기부활동을 하는 것을 이르는 말이다. 그 사이 탐스의 디자인과 기부 방식을 벤치마킹한 경쟁사들이 늘어났고, 탐스만의 독특함과 제품 경쟁력이 사라지자 한때 5억 달러에 달했던 매출은 2018년 3억 3600만 달러로 줄어들었다. 탐스가 슬립온 슈즈의 성공에 안주하며 신제품 개발 없이 고가만 고집하자 소비자들이 외면하기 시작한 것이다. 게다가 마이코스키는 신발 사업의 경쟁력 강화에 힘쓰기보다는 또 다른 '착한 프로젝트'를 만드는 일에 주력했다. 단일 상품에만 의존하며 소비자의 패션 소비 욕구에 발 빠르게 반응하지 못한 탐스가 내리막길을 걷게 된 것은 당연한 결과였다. 엎친 데 덮친 격으로 탐스의 신발 기부는 개발도상국의 신발 산업을 파괴할 수 있다는 비난까지 받았다. 시민단체들은 수혜 국가에서 신발을 생산해 자생적인 산업 기반을 만들어가는 것을 돕지 않고 중국에서 생산된 신발을 다른 개발도상국에 기부하는 것은 긍정적인 사회적 가치 창출과는 거리가 멀다고 지적했다.

사회의 공익적 이슈를 기업의 마케팅과 연관시키는 '착한 소비'인 코즈 마케팅(Cause Marketing: 대의 마케팅)의 성공적 사례로 꼽히는 탐스는 기업 가치가 한때 6000억 원을 넘어설 정도로 성공한 사회적 기업이었다. 하지만 2019년 《월스트리트 저널》은 탐스가 채권단 공동관리 절차에 들어갔다고 밝혔고 그해 말 미국 신용평가사 무디스는 탐스를 투자 부적격 등급인 '정크' 수준으로 강등했다. 이어 2019년 12월 26일 국내 마지막 매장이었던 '탐스 롯데백화점 본점'이 폐점하면서 탐스는 국내 시장에서 자취를 감췄다.

탐스는 2020년 1월 나이키 등 글로벌 브랜드 요직을 거친 매건스 웨드해머를 CEO로 영입하고, 반스(VANS) 출신의 브라이언 이스트먼을 상품기획 및 디자인 담당 부사장으로 선임해 새 도약을 꾀하고 있다. 악화된 재무 상태를 개선하고 제품력을 강화하겠다는 대규모 투자 계획안도 발표했다. 영업을 종료했던 탐스코리아도 LF를 통해 다시 국내 사업을 전개했다. 탐스는 마블(MARVEL)과 손잡고 슬립온과 스니커즈 신발에 아이언맨, 캡틴아메리카, 토르 등 인기 히어로 캐릭터 로고나 마블 코믹스 만화 장면을 입힌 디자인으로 만든 2020년 봄·여름 신제품을 출시했다. 탐스의 새로운 도전이 성공할지는 지켜볼 일이다.

▌참고 자료

「자본주의의 발상 전환… 기부하는 신발, 탐스(TOMS) 창립자 인터뷰 ①」(SBS 뉴스, 2016.05.12) / 탐스, 두산백과 / 탐스, 네이버 세계브랜드백과 / 「"착한 기업이 성공한다"는 공식을 만든 탐스가 이처럼 내몰릴 수밖에 없었던 이유는 뭘까?」(《EBR 비하인드 스토리》, 2021.06.18) / 「'착한 신발' 탐스… LF 통해 한국 사업 재개」(《전자신문》, 2020.02.19) / 「"탐스가 돌아왔다"… LF·마블과 손잡고 국내 상륙작전」(《한국경제TV》, 2020.05.20)

실리콘밸리의 '신데렐라' 홈스의 사기극, 테라노스 사건

하룻밤 자고 나면 달라지는 세상, 모든 것이 급변하는 대전환의 시대다. 세상을 뒤집어놓을 만큼 각광받던 기술도 하루가 멀다고 쏟아져 나오는 신기술에 자취를 감추는 일이 허다하다. 시대 흐름에 맞춰 변화하지 않으면 살아남을 수 없다. 특히 기업이나 조직을 이끌며 하루에도 수많은 의사결정을 해야 하는 리더라면 더욱 현명해야 한다. 리더의 잘못된 판단으로 기업이나 조직이 한순간에 무너질 수 있기 때문이다. 유효상 숭실대 교수는 저서 『리더의 오판』에서 똑똑한 리더가 잘못된 의사결정을 하지 않기 위해 알아야 할 판단 편향 중 하나

테라노스를 창업한 엘리자베스 홈스

로 후광효과를 제시하고, 대표적 사례로 미국 실리콘밸리 스타트업 테라노스(Theranos)를 언급했다. 한때 최연소 자수성가 백만장자로 명성을 떨쳤던 엘리자베스 홈스(Elizabeth Holmes)가 설립한 생명공학 스타트업 테라노스는 실리콘밸리 최대의 사기극을 벌인 기업으로 전락했다.

2012년 손가락 끝을 찔러 얻은 피 몇 방울로 260여 개 병을 진단할 수 있는 '에디슨 키트'를 발표한 테라노스는 하루아침에 실리콘밸리 벤처 신화로 떠오른다. 테라노스에 따르면

에디슨 키트는 정맥혈관에 주삿바늘을 찔러 넣어 대량의 피를 채취해야 몇 가지 질병 유무만 확인할 수 있는 기존의 의학 상식을 뒤집는 획기적인 발명이었다. 높은 의료비에 시달리던 미국인들은 검사 자동화로 빠르면서 저렴한 에디슨 키트가 의학에 혁명을 일으키고 전 세계의 생명을 구할 수 있는 기술을 제공하는 것처럼 보이자 열광했다. 테라노스 설립자이자 CEO인 엘리자베스 홈스는 미국에서 태어났지만 어릴 적부터 부모와 중국에 오래 살아 중국어에 능통했다. 스탠퍼드대학에서 화학을 전공한 그는 재학 중 싱가포르의 한 바이오 연구소에서 인턴으로 근무했고, 2003년 의료 스타트업 테라노스를 설립한다. 제3세계 어린이들을 가난과 질병으로부터 구할 수 있는 해결책 마련을 제1의 목표로 삼았다. '금발의 젊은 여성, 스탠퍼드대 출신, 19살에 창업'이라는 수식어에 수많은 유명인사가 그를 지지했다. 그중에는 미국의 정치외교 전략가 헨리 키신저, 조지 슐츠 전 국무장관, 언론 재벌 루퍼트 머독도 있었다. 사람들은 홈스와 테라노스의 엄청난 기술을 의심하지 않고 그대로 믿고 투자했다. 여기에는 '후광효과'가 큰 역할을 한다. 후광효과란 어떤 대상을 평가할 때, 그 대상의 어느 한 측면의 특질이 다른 특질들에까지도 영향을 미치는 것을 말한다. 인물을 평가할 때 그 사람의 외모에서 좋은 인상을 받았을 경우 그 사람의 지능이나 성격 등도 좋게 평가하는 일 따위다. 테라노스에 투자한 이들은 수십 년 동안 한 분야에서 리더로서 뛰어난 성과를 이루었기 때문에 오랜 연륜에 따른 자신의 판단이 옳다고 믿었으며, 과거의 성공으로 다른 사람의 의견을 듣지 않고 '인지편향'에 빠진 것이다. 루퍼트 머독과 벤처업계 큰손인 팀 드레이퍼 등이 잇따라 뭉칫돈을 집어넣은 덕분에 테라노스는 7억 달러가 넘는 투자금을 유치했고, 조지 슐츠 전 국무장관은 테라노스 이사로 영입되는 등 홈스는 일약 '실리콘밸리의 신데렐라'가 되었다. 테라노스의 기업가치는 2014년 90억 달러(10조 620억 원)를 웃돌았고 홈스의 재산도 45억 달러로 추산되면서 홈스는 경제 전문지 《포브스》가 선정하는 '자수성가 미국 여성' 1위에 오르기도 했다.

하지만 '제2의 잡스' 또는 '신흥 여성 부호'로 묘사되며《포춘》등 유명 매체의 표지를 장식할 만큼 세상을 떠들썩하게 했던 홈스는 현재 실리콘밸리 산호세 연방법원에서 사기 혐의로 재판을 받는 신세로 전락했다. 홈스와 테라노스의 몰락은 퓰리처상을 두 번이나 수상한 《월스트리트저널》 탐사기자인 존 캐리루(John Carreyrou)의 손끝에서 시작되었다. 홈스는 한 인터뷰에서 "에디슨 키트로 어떻게 250여 가지 질병을 알아낼 수 있냐"는 기자의 질문에 "진단키트에 피가 묻으면 화학반응이 생기고, 거기서 신호를 생성한 뒤 결과로 변환한다"고 답했다. 전 세계를 뒤흔들 정도의 기술치고는 너무 단순하고 허술한 답변이었다. 이에 의심을 품은 캐리루는 곧바로 테라노스의 뒤를 캐기 시작한다. 결과는 놀라웠다. '에디슨'은 실제적으로는 15가지의 질병 검사만 가능했고, 그중 미국식품의약국(FDA)에서 인증받은 검사는 헤르페스(Herpes: 바이러스 감염증), 단 하나뿐이었다. 이는 동네 의원에서도 확인할 수 있는 기초적 검사였다. 나머지 200여 개 질병은 지멘스 등이 제작한 기존의 대규모 의학 장비로 확인한 것이다. 테라노스는 투자자들에게도 진단키트로 검사하는 것처럼 속인 뒤, 해당 혈액을 다른 방식으로 진단하는 눈속임까지 한 것으로 드러났다.

테라노스에서 근무했던 직원들도 앞다투어 "테라노스에는 에디슨이란 기기를 만들 기술력이 없다"고 폭로했다. 2015년 10월 이 사실이 《월스트리트저널》에 실리면서 만천하에 공개되었다. '작은 핏방울이 우리에게 필요한 모든 것'이라고 자사 기술을 광고했던 테라노스의 주식 거래는 동결되었고, 2016년 임상시험연구소는 폐쇄되었다. 투자자들은 사기극을 저질렀다며 홈스와 테라노스를 고소했고 테라노스에 투자했던 모든 투자자의 돈은 휴지 조각이 되었다. 언론 재벌로 유명한 루퍼트 머독은 무려 1억 달러(약 1116억 원) 이상의 손실을 본 것으로 전해진다. 2020년 9월 테라노스는 최종적으로 청산 절차를 밟았다. 현재 창업자 홈스는 미국 검찰에 사기 혐의로 기소되어 재판을 받고 있다.

엘리자베스 홈스는 스티브 잡스처럼 검은색 터틀넥을 입고 다닌 것으로도 유명하다. 스스로를 스티브 잡스에 버금가는 혁신가로 포장하기 위해 집에 들어가지도 않고 연애도 하지 않으며, 연구에만 집중한다고 소개했다. 실리콘밸리에 벤처 신화로 등장해 희대의 사기극으로 막을 내린 테라노스는 금발의 아름답고 젊은 여성 CEO 엘리자베스 홈스의 후광효과에 홀려 제대로 된 판단을 하지 못했던 수많은 투자자와 한때 '여성 스티브 잡스'로 불리며 찬사를 받았으나 결국 '세기의 사기꾼'으로 전락한 리더가 빚어낸 합작품이었다.

참고 자료

「"피 한 방울로 260개 질병 진단" 실리콘밸리 '여자 잡스' 결국 사기꾼이었나」,《헤럴드경제》, 2021.06.05) / 『리더의 오판』(유효상 지음, 클라우드나인) / 「"30대 美 여성 '희대 사기극' 바이오 기업 테라노스, 공식 해체 운명"」,《연합인포맥스》, 2018.09.05) / 「피 몇 방울로 250여 가지 질병 진단, 알고 보니 가짜 사기극으로 끝난 벤처 신데렐라의 꿈」,《국방일보》, 2019.01.02)

장난감 천국 토이저러스는
왜 망했을까?

알록달록한 알파벳으로 삐뚤빼뚤 쓴 듯한 ToysЯus. 특히 가운데 'R'자는 뒤집어 쓴 모양이라 더욱 눈길을 끈다. 한때 전 세계 20여 개국 1,800여 개 매장에서 100억 달러가 넘는 연매출을 올리며 세계 최대의 완구 유통업체로 승승장구했던 미국의 완구업체 토이저러스의 로고다. 전 세계 어린이를 열광하게 만들었던 '장난감 천국' 토이저러스가 2018년 미국과 영국 내 매장을 모두 폐쇄한다고 발표하고 파산했다. 운명의 장난처럼 창업가이자 CEO인 찰스 라자루스(Charles P. Lazarus, 1923~2018)는 그해 3월 94세로 세상을 떠났다. 70여 년간 장난

토이저러스 매장의 모습. 뒤집어진 R이 눈길을 끈다.

감 왕국을 구축했던 토이저러스는 어떻게 역사 속으로 사라지게 되었을까?

찰스 라자루스는 1948년 고향인 미국 워싱턴 D.C.에서 어린이용 가구 판매점 '칠드런스 바겐타운'을 열었다. 처음에는 어린이용 가구를 판매했지만 당시 미국의 베이비붐 현상에 주목하고 장난감 전문점으로 눈을 돌렸다. 그래서 그는 1957년 메릴랜드주 록빌에 '토이저러스(ToysRus)' 매장을 열어 성공을 거두었다. 토이저러스는 장난감을 뜻하는 'Toys'와 자신의 이름 뒷부분인 'rus'를 조합해 만든 이름이다. '장난감은 우리의 것(Toy's are us)'이라는 뜻과 '나사로의 장난감 가게(Laza'rus

Toystore)'라는 뜻을 담은 중의적 표현이다. 토이저러스 로고에서 반대로 적혀 있는 'R'은 아이들이 단어를 쓰다가 실수한 것을 표현한 이미지로, 아이들만을 위한 매장이라는 의미다. 토이저러스는 넓고 쾌적한 매장, 세세하게 특화된 다양한 제품군, 꾸준한 할인 판매를 내세우며 선풍적인 인기를 끌었다. 1974년에는 매장 수가 47개로 늘었고 매출액은 1억 3000만 달러에 달했다. 1984년에는 해외로 진출하기 시작해 1990년대에는 세계 곳곳으로 매장을 확대했다. 토이저러스가 미국 전역에서 장난감 전문점으로서 입지를 다질 수 있었던 비결은 라자루스가 꾸준히 추구해온 할인 전략 덕분이었다. 라자루스는 토이저러스에서는 장난감을 저렴하게 구매할 수 있다는 이미지를 구축하기 위해 때로는 손해를 감수하고 제품을 판매했다.

하지만 1990년대 초 토이저러스보다 더 거대하고 더 많은 자금을 갖춘 월마트가 매장 내에 장난감 전문 코너를 오픈하면서 위기를 맞는다. 월마트는 토이저러스보다 더 저렴한 가격을 앞세운 전략으로 1998년 마침내 장난감 매출 면에서도 토이저러스를 앞질렀다. 월마트의 공세를 견디지 못한 토이저러스는 2000년 들어 1억 3200만 달러라는 막대한 적자를 냈고 라자루스가 CEO에서 물러날 당시 40달러에 달했던 주가도 20달러로 반토막이 났다. 이후 온라인 판매 전략을 고민하던 토이저러스는 아마존 플랫폼의 웹과 주문 처리 과정이 도움이 될 것이라고 판단해 2000년 아마존과 10년짜리 계약을 체결한다. 아마존 플랫폼 사용 대가로 연간 5000만 달러를 지불했고 수익의 일부도 제공했다. 토이저러스는 독점 판매 계약에 따라 아마존에서만 장난감을 판매하고 별도의 온라인 쇼핑몰을 열지 않았다. 그러나 2003년 아마존은 계약을 어기고 경쟁사 장난감까지 팔기 시작했다. 토이저러스는 소송을 걸었고, 결국 법원은 토이저러스의 손을 들어주어 아마존은 배상금을 지불했다. 뒤늦게 토이저러스는 2006년부터 자체 온라인 쇼핑몰을 오픈했지만, 이미 온라인 시장의 주도권은 아마존이 가지고 있었다. 오랜 기간 안정적 지위를 유지해온 토이저러스가 신흥 플랫폼 기업 아마존에 속수무책으로 당하는 상황이 벌어진 것이다.

플랫폼 기업이 등장해 승자독식 경쟁자로 부상하는 것을 막기 위해 기존 기업들은 세 가지 방식으로 대응할 수 있다. 경쟁 플랫폼에 합류하거나, 플랫폼을 사들일 수 있고, 자체 플랫폼을 구축하기도 한다. 토이저러스는 경쟁 플랫폼에 속하는 방식을 선택했다가 낭패를 보았다. 플랫폼 기업은 기반 구축이 완료되면 엄청난 영향력으로 자사 플랫폼에 속한 기업들의 가치 대부분을 가져가기 때문이다. 이 일을 계기로 토이저러스는 '아마존되다(To be Amazonized)'의 대명사처럼 알려지게 되었다. '아마존되다'란 미국의 대규모 온라인 쇼핑몰 아마존닷컴이 진출한 사업 영역에서 기존 사업자들이 망하거나 사업 규모가 축소되는 현상을 일컫는 신조어다.

월마트나 타깃과 같은 오프라인 판매업체와의 경쟁에서 밀리고 아마존에서도 판매 루트를 잃은 토이저러스는 고전을 면치 못하다가 살아남을 방법은 차별화밖에 없다고 판단했다. 기존의 창고형 매장을 포기하고, 아이들이 놀러오고 싶은 테마파크 같은 체험형 매장으로 거듭나야 한다고 여겨 미국뿐 아니라 전 세계 토이저러스 매장을 체험형 매장으로 바꿔나갔다. 체험형 매장으로 전환한 후 고객인 아이들의 방문은 늘어났지만 판매에는 아무런 도움이 되지 않았다. 장난감을 구매하는 비용은 아이들이 아니라 그들의 부모가 지불하기 때문이었다. 아이들은 오프라인 토이저러스 매장에서 장난감 체험을 하고, 부모들은 더 저렴하게 물건을 파는 월마트에서 장난감을 구매한 것이다.

결국 토이저러스는 2017년 9월 버지니아주 법원에 파산보호 신청을 한 데 이어 이듬해 청산 절차를 밟으며 유럽 등 일부 매장만 남기고 대부분의 국가에서 철수한다. 2018년 3월 토이저러스는 미국 내 모든 매장을 닫는다고 발표했다. 미국 매장 700여 개가 폐업했고, 토이저러스 직원 3만 3,000명 전원은 퇴직금도 받지 못하고 해고되어 미국 사회에 큰 충격을 안겨주었다. 실직자들이 받아야 할 퇴직금 총액은 7500만 달러(약 840억 원)에 달했다. 이후 토이저러스의 브랜드와 지식재산권 등을 인수한 트루키즈가 재기에 나섰지만 코로나19 팬데믹 여파로 큰 타격을 입고 어려움에 봉착했다. 2021년 3월 브랜드 매니지먼트사인 WHP글로벌은 토이저러스와 베이비저러스의 모회사인 트루키즈의 지분을 인수하고 앞으로 트루키즈의 글로벌 사업을 관리할 것이라고 밝히며 북미 매장을 다시 열 계획이라고 말했다.

참고 자료

토이저러스, 네이버 기관단체사전 / 「토이저러스는 죽고 월마트는 살아남은 비결」(《한국경제》, 2021.06.14)/ 「'아마존되다'의 대명사 토이저러스는 나사로처럼 부활할 수 있을까」(《아주경제》, 2019.08.10) / 「토이저러스, 美 마지막 매장도 문 닫는다」(《한국경제》, 2021.01.31)

음악 시장을 제패한
소니 워크맨의 퇴장 이유

거리를 걷다 보면 많은 사람이 귀에 이어폰을 꽂고 음악을 듣는 모습을 볼 수 있다. 이렇게 집 밖에서 이어폰이나 헤드폰으로 음악을 들을 수 있게 된 데는 소니 워크맨의 공이 크다. 2014년에 제작된 영화 〈가디언즈 오브 갤럭시〉에는 주인공 스타로드의 유일한 애장품이자 엄마의 유품이기도 한 '끝내주는 노래 모음집 1집(Awesome Mix Vol. 1)'이라고 적힌 카세트테이프가 등장한다. 엄마가 좋아하던 팝송을 공테이프에 녹음한 모음집인데 스타로드는 소니에서 만든 최초의 워크맨 'TPS-L2'로 음악을 들었다. 1980년대 청춘 로맨스 영화의 대표작인 〈라붐〉에서는 잘생긴 남학생 마티유가 워크맨의 헤드폰을 빅에게 씌워주며 호감을 적극적으로 드러낸다. 1990년대 청춘문화를 다룬 〈건축학개론〉에서는 남녀 주인공이 이어폰을 나눠 끼고 워크맨으로 음악을 듣는 장면이 인상적이다. 1979년에 처음 등장해 혁신적인 기기로 평가받았고 1980년대에서 1990년대 청춘문화를 상징할 만큼 인기를 끌었던 워크맨은 이제 보기 힘들어졌다.

개인 휴대용 카세트 플레이어 워크맨(Walkman)이 등장하기 전에는 걸어 다니면서 음악을 듣는다는 것은 상상할 수 없었다. 1877년 에디슨이 발명한 기록 재생 장치 축음기는 1890년대에 우리나라에 처음 들어왔고, 1930년대에는 전기식 녹음 기술이 도입되면서 대중도 LP판으로 음악을 즐길 수 있게 되었다. 하지만 LP판과 재생기의 크기가 워낙 커서 휴대용으로 만들 수 없다는 단점이 있었다. 1962년에 네덜란드의 필립스 사가 손바닥만 한 카세트테이프를 개발했지만, 음질이 떨어지고 고장이 잦아 음악 감상용으로는 불편했다. 이후 소니(Sony)가 워크맨을 개발하면서 휴대용 음악 재생기기 시대를 열었고, 전 세계인의 음악 감상 습관을 바꿔놓았다.

일본 소니사는 모리타 아키오(盛田昭夫, 1921~1999)가 제2차 세계대전 복무 중에 만난 이부카 마사루(井深大, 1908~1997)와

1979년 출시된 소니의 워크맨 TPS-L2

1946년에 도쿄 긴자 뒷골목에 세운 도쿄통신공업사에서 시작되었다. 소니는 '소리'를 뜻하는 라틴어 sonus와 '소년'을 부를 때 쓰는 영어 속어 sonny에서 유래한다. 소니는 1955년 트랜지스터 라디오, 1960년 트랜지스터 TV, 1965년 비디오테이프 제조에 성공해 음향·영상기기, 방송기재 부문에서 독보적인 위치를 차지하며 명성을 떨쳤다. 워크맨은 당시 소니의 해외 시장을 개척했던 모리타의 아이디어에서 시작되었다. 장시간 비행기를 타고 미국으로 가는 동안 오페라를 들을 수 없는 것을 무척 안타까워했던 그는 걸어 다니면서도 좋은 음질로 음악을 들을 수 있는 음향기기를 개발하면 좋겠다고 생각했다. 이전까지 소니의 제품들은 녹음이 주요 기능이었던 카세트레코더였는데, 이것은 주로 기자들이 사용해 '프레스맨(Pressman)'으로 불렸다. 소니의 기술자들은 프레스맨을 개량한 버전으로 프로토타입(Prototype: 상품화에 앞서 성능을 검증·개선하기 위해 핵심 기능만 넣어 만든 제품)을 만들었고, 이것에 훗날 '걸어 다니며 내가 원하는 음악을 듣는다'는 취지로 '워크맨'이라는 이름을 붙였다. 최초의 워크맨은 프레스맨에 재생기능을 추가해 손에 쥘 수 있도록 가볍게 만든 390g짜리 'TPS-L2'였다. 워크맨은 녹음 기능이 없는 재생 전용 기기였으며, 자체적으로 소리를 재생할 수 있는 스피커도 내장하고 있지 않아 반드시 헤드폰을 사용해야 했다. 하지만 그만큼 제품 크기를 획기적으로 줄일 수 있었으며, 모든 기능을 재생에 집중했기에 당시의 소형 기기로서는 생각할 수 없었던 고음질의 스테레오 음향을 들을 수 있었다. 워크맨은 출시 3개월 만에 3만 대가 팔렸고 1년 뒤에는 총판매대수가 100만 대를 넘어섰다. 일본 시장에서 성공을 거둔 워크맨은 1980년부터 미국 시장에 진출한다. 그런데 제품명 때문에 문제가 생겼다. 워크맨이라는 이름이 영어 문법에 맞지 않는다고 해서 미국판 워크맨은

'Sound(음향)'와 'Walk about(산책하다)'을 조합한 '사운드 어바 웃(Sound about)'이라는 이름으로 판매를 시작했다. 하지만 일 본에 워크맨이 처음 등장했을 때의 파급력이 워낙 컸던 터라 전 세계에서 워크맨이라는 이름으로 판매되었고 1986년에는 '옥스퍼드 영어사전'에 워크맨이 등재되었다.

이후 소니는 1984년 세계 최초의 휴대용 CD(Compact Disc) 재생기인 'D-50'을 '디스크맨(Discman)'이라는 이름으로 출 시한다. 1992년에는 당시 차세대 디지털 매체로 떠오르 던 'MD(MiniDisc)'를 채용한 'MD워크맨'의 첫 번째 모델인 'MZ-1'을 선보였다. MD는 녹음이 자유로우면서 CD 수준 의 음향을 담을 수 있고, 매체의 크기도 작아 많은 주목을 받 았지만 가격이 비싼 데다 소니를 비롯한 일부 일본 업체들의 전유물처럼 취급되어 카세트테이프나 CD처럼 많이 보급되 지 못했다. 워크맨 시리즈는 초기 제품 출시부터 10년이 지난 1989년까지 총 5000만 대를 판매했으며, 이로부터 3년이 지 난 1992년에는 1억 대를 돌파할 정도로 날개 돋친 듯 팔려나 갔다. 하지만 CD와 MP3 등 새로운 형태의 음원이 나타나면 서 수요가 급격하게 줄었고, 2001년 11월 아이팟이 등장하면 서 밀리기 시작했다. 아이팟은 워크맨이 13년에 걸려 기록한 '판매 1억 대'를 출시 5년 만에 돌파해 휴대용 디지털 플레이어 시장의 1위 자리를 차지한다. 2010년 10월 소니는 일본 내 워크맨 판매를 중단하고, 일부 모델만 중국 업체에 위탁 생산 해왔다. 이후 워크맨은 2013년 1월부터 생산이 중단되어 출시 된 지 33년 만에 역사 속으로 사라졌다.

'음악은 실내에서 듣는 것'이라는 통념을 깨고 '혁신의 아이 콘'으로 불린 워크맨은 변화하는 음악 소비 시장에 제대로 적 응하지 못해 몰락했다. 사람들은 음악을 앨범의 첫 곡부터 듣 지 않을 뿐 아니라 앨범 전체를 구매하는 것도 원하지 않았는 데, 소니는 비디오 MP3나 하이엔드 워크맨 등 작은 틈새 시장 을 겨냥한 제품을 내놓은 것이다. 프리미엄급 음질로 호평을 받았지만 소수의 마니아를 위한 제품이라 초기 워크맨의 대 중적 매력과는 거리가 멀었다. 이는 '제조사가 제품을 제일 잘 안다'는 공급자 중심의 사고방식으로는 급변하는 시장에 제대 로 대처하지 못한다는 것을 보여준 사례다.

참고 자료

워크맨, 네이버 시사상식사전 / 「걸어 다니며 음악 듣는 시대를 열다-워크맨(Walkman)」 (김영우 글, 《IT동아》, 2011.11.04) / 새로운 시대의 시작, 1980년, 네이버캐스트(테마로 보는 역사) / 모리타 아키오, 네이버 시사상식사전 / 「워크맨의 몰락… 차례대로 듣는 시 대가 축출됐다」(《조선일보》, 2019.07.09) / 「소니 워크맨 초라한 서른 돌」(《서울신문》, 2009.07.02)

아마존이 만들었지만 실패한 스마트폰

그리스신화에 나오는 여자 무인족(武人族)을 뜻하는 아마존은 '세계의 허파'로 불리는 강의 이름이기도 하다. 하지만 오늘날 아마존 하면 세계에서 가장 큰 온라인 쇼핑몰 아마존닷컴을 떠올리게 된다. 월스트리트에서 펀드매니저로 일하던 제프 베이조스(Jeff Bezos)가 1994년 7월 설립한 아마존은 세계 최초·최대의 인터넷 서점이자 종합 쇼핑몰이다. 아마존은 영국의 컨설팅업체 브랜드 파이낸스가 선정하는 세계 500대 브랜드에서 2019년 브랜드 가치 1879억 500만 달러(약 229조 원)를 인정받고 1위에 올랐다. 인터넷 서점으로 시작해 음악 CD,

MP3, 컴퓨터 소프트웨어, 전자제품 등 다양한 제품을 온라인으로 판매하고 전자책 리더기 아마존 킨들, 터치스크린 기반의 태블릿 킨들파이어까지 내놓으며 승승장구해온 아마존에도 아픈 손가락이 있다. 2014년 아마존이 3D 기술을 집약해 자체 개발하며 선보인 파이어폰은 1억 7000만 달러(약 2020억 원) 규모의 손실을 남긴 채 역사 속으로 사라졌다.

제프 베이조스는 세계 최대·최고의 회사로 키우려는 야망을 담아 세상에서 가장 긴 '아마존강'을 떠올리고 회사 이름을 아마존으로 정했다. 아마존 로고에는 A에서 Z까지 이어지

아마존의 파이어폰과 그 구성품들

는 화살표가 붙어 있는데 'A부터 Z까지 세상에 있는 모든 물건'을 아마존에서 제공한다는 뜻이다. 제프 베이조스는 자본금 300달러로 아마존닷컴을 설립하고 인터넷 서점 서비스를 시작해 1년 동안 월 34퍼센트의 평균 매출 신장률을 보이면서 미국 시장뿐 아니라, 전 세계에서 인터넷 서점 돌풍을 일으켰다. 개점 2년 만에 미국의 수많은 서점이 아마존으로 인해 도산했고, 1999년 6월에는 인터넷 전자상거래 사이트 가운데 처음으로 회원 수 1000만 명을 넘어섰다. 아마존은 서적에 이어 전자제품, 소포, 음식 배달, 의류, 트럭, 의약품 판매, 부동산 중개 등 여러 영역으로 사업을 확장하면서 수많은 기업을 위협했다. 유통 공룡 아마존이 발을 들여놓는 시장은 아마존을 제외하고는 금세 초토화된다는 것에 빗대 '아마존 효과(Amazon Effect)'라는 말까지 나왔다. 이는 아마존의 사업 확장으로 업계에 파급되는 효과를 이르는 말로, 아마존이 진출한다는 소식만 들려도 해당 산업을 주도하는 기업들의 주가가 곤두박질치고 투자자들이 패닉에 빠지는 현상을 뜻한다. 그러나 아마존 효과가 발휘되지 않은 곳이 있었는데, 바로 스마트폰 시장이다.

스마트폰, 태블릿 등 모바일 기기가 급속도로 보급되고 PC보다는 모바일 기기를 이용해 인터넷 쇼핑을 즐기는 소비자가 많은 만큼, 전 세계 인터넷 쇼핑을 장악한 아마존 입장에서 보면 전용 스마트폰 개발은 피할 수 없는 과제였다. 아마존은 이미 2007년에 전자책 리더기 아마존 킨들을 판매하기 시작해 2009년에는 전자책의 내용을 소리로 전환하는 기능을 탑재한 킨들2를 출시한 데 이어 2011년에는 책뿐 아니라 음악, 동영상을 볼 수 있는 터치스크린 기반의 킨들파이어를 내놓았다. 아마존은 이러한 성공에 힘입어 2014년 6월 18일 미국 시애틀에서 열린 신제품 발표회에서 자체 개발한 3D 스마트폰인 파이어폰(Fire Phone)을 내놓았다. 파이어폰은 기존 스마트폰들과 달리 아마존 콘텐츠 서비스 이용에 최적화된 기능을 제공하는 것이 특징이다. 기기 모서리에 특수 카메라를 부착해 3D 안경을 쓰지 않아도 3D 효과를 구현할 수 있고 전면에 달린 카메라 4개와 적외선 센서를 이용해 사람의 동작을 인식까지 한다. 또 기기를 살짝 기울이면 손을 대지 않아도 화면이 넘어가는 기능을 갖추어서 상품, 음악, 책 등을 인지해 바로 관련 정보를 보여주기도 한다. 파이어폰으로 상품을 찍으면 몇 초 안에 아마존 온라인 상점으로 이동해 스마트폰으로 간편하게 아마존 상품을 살 수 있다. 파이어폰은 이와 같은 획기적인 기능을 적용해 높은 기술력을 인정받았지만 시장에 안착하지는 못했다.

파이어폰이 실패한 데는 몇 가지 이유가 있다. 첫째, 비싼 가격이 걸림돌이었다. 파이어폰은 449달러에 출시되었고 2년 약정 가격도 199달러였다. 이는 애플이나 삼성 스마트폰과 유사한 가격이라 소비자들이 기존에 사용하던 스마트폰을 바꾸는 데 도움이 되지 않았다. 결국 출시한 지 약 두 달 만에 가격을 99센트(약 1,000원 정도, 2년 약정으로 계약할 경우에 한함)로 낮췄지만 판매량은 늘지 않았다. 아마존이 단기적으로는 손해를 봐도 장기적으로는 돈을 벌자는 전략으로 킨들파이어 시리즈 등을 낮은 가격에 제공해온 만큼, 스마트폰도 세상이 놀랄 만한 저렴한 가격으로 판매할 것이라는 기대감이 컸는데 이에 부응하지 못했기 때문이다. 둘째, 앱 스토어 규모가 너무 작았다. 아마존의 스마트 기기는 맞춤 제작된 독점 앱 스토어를 사용해야 했는데 애플리케이션이 24만 개뿐이었다. 구글 플레이 스토어의 100만 개 앱에 비하면 터무니없이 작은 규모였다. 게다가 아마존 앱 스토어에는 구글의 주력 앱이 없기 때문에 파이어폰 이용자는 지메일, 유튜브, 구글 지도에 쉽게 액세스할 수가 없었다. 셋째, 시장에 늦게 진출했다. 파이어폰이 스마트폰 시장에 등장한 2014년에는 이미 많은 제조사가 시장을 선점하고 있어서 아마존이 비집고 들어갈 틈이 없었다. 결국 아마존은 파이어폰이 출시된 2014년 3분기 최악의 적자를 기록한다. 4억 3700달러 적자 중 1억 7000만 달러가 파이어폰 사업 부진 때문이었다고 한다. 아마존은 1년 만인 2015년 8월

파이어폰 생산을 중단했다.

스마트폰 시장 진출에 실패한 후 베이조스는 "파이어폰은 재앙이었다"고 인정하면서도 직원들에게는 "파이어폰에 대해 단 1분이라도 죄책감을 가지지 말라. 그 때문에 단 1분이라도 잠을 이루지 못하는 일이 없도록 해달라"고 말했다. 실패는 버리는 것이 아니라 이를 기반으로 새로운 비즈니스와 경험을 해야 한다는 것이 그의 생각이다. 결국 파이어폰 개발팀은 실패를 딛고 인공지능(AI) 음성인식 스피커 '에코'와 인공지능 비서 '알렉사'를 출시해 대박을 터뜨렸다. 베이조스가 2016년 주주들에게 보내는 연례 서한에서 "아마존을 가장 성공한 회사보다 가장 편하게 실패하는 회사로 만들고자 한다. 실패와 혁신은 쌍둥이다. 우리가 1000억 달러의 매출을 내면서도 끊임없이 실패에 도전하는 이유다"라고 밝혔듯이, 파이어폰은 단순한 실패작이 아니라 혁신으로 가는 디딤돌이었다.

참고 자료

「기업 이름에 숨겨진 다양한 의미와 유래」(《공감신문》, 2017.08.01) / 「애플, 구글, 아마존… 사명의 경제학과 변경의 역설」(《더스쿠프》, 2020.04.21) / 아마존 이펙트, 네이버 시사상식사전 / 파이어폰, 네이버 ICT 시사상식 / 「아마존도 꽃길만 걸은 것은 아니다」(《파이낸셜뉴스》, 2018.05.14) / 「한국은 아마존 같은 기업 허용 않기로 한 것인데…」(《매일경제》, 2021.08.05)

혁신적 이동 수단,
세그웨이는 왜 망했나?

편리함을 추구하는 것은 인간의 기본 욕구다. 인류는 무거운 물건을 옮기거나 좀 더 쉽게 이동하기 위해 바퀴를 만들었다. 기원전 3500년경의 것으로 추정되는 메소포타미아 유적에서 '나무 바퀴'가 발견된 것으로 보아 인류는 고대부터 탈것(동물들을 동력으로 이용)을 사용했음을 알 수 있다. 회전을 목적으로 축(軸)에 장치한 둥근 테 모양의 물체를 총칭하는 바퀴는 마차, 자전거, 자동차 등에 중요한 부품이자 위대한 발명품이다. 좀 더 편리한 탈것을 원했던 사람들은 마차에 엔진을 얹어 자동차를 발명했고, 지금까지 주요 이동 수단으로 이용되고 있다. 하지만 자동차에서 뿜어내는 배기가스가 환경오염의 주범이 되자 전기 자동차가 등장한다. 공원이나 거리에서 흔히 볼 수 있는 전기 자전거, 전동 킥보드 등이 주도하는 스마트 모빌리티 시대가 열린 것이다. 2001년에 등장해 세계 최초의 스마트 모빌리티 사례로 꼽히는 세그웨이는 미국의 과학기술 전문지 MIT의《테크놀로지리뷰》가 선정한 '21세기 들어 실패한 기술 10가지'에 구글 글래스, 암호화폐, 전자담배와 함께 이름을 올렸다. 세그웨이는 어쩌다 이런 오명을 얻게 된 것일까?

2001년 12월 미국 발명가 딘 카먼(Dean Kamen)이 abc 방송에 출연해 세그웨이를 공개하면서 1인용 전동 이동 수단 시대

세그웨이를 타는 사람들

를 열었다. 카먼은 방송에서 세그웨이를 직접 시연하면서 무슨 제품인지 묻는 사회자의 질문에 "세계 최초의 셀프 밸런싱 이동 수단"이라고 답했다. 전 세계에서 400개가 넘는 특허를 보유해 이 시대 최고의 발명가로 불리는 카먼은 어려서부터 발명에 두각을 나타냈다. 10대 시절 집 지하실에서 음악에 맞춰 불빛이 들어오는 조명장치를 개발하여 뉴욕 박물관과 호텔에 공급한 덕분에 1년에 6만 달러를 벌었고, 20대인 1976년에는 당뇨병 환자의 삶을 개선한 휴대용 인슐린 펌프를 개발해 백만장자가 되었다.

세그웨이(Segway)는 바퀴 두개가 달려 있는 킥보드 모양의 스쿠터로, 자동으로 중심을 잡고 몸의 움직임만으로 전진·후진·회전을 할 수 있다. 사용자는 디지털 열쇠를 꽂은 뒤 발판 위에 올라서서 원하는 방향으로 몸을 조금씩 기울이기만 하면 저절로 움직인다. 브레이크가 따로 없고 말을 세울 때 고삐를 당기고 몸을 뒤로 기울이는 것처럼 하면 제자리에 선다. 전기를 동력으로 이용하고 배터리는 2~6시간까지 사용할 수 있으며, 평균속도는 시속 13킬로미터이고 최고 시속 19킬로미터이며, 24킬로미터까지 달릴 수 있다. 세그웨이가 첫선을 보였을 때 스티브 잡스는 "세그웨이로 인해 도시 설계를 다시 해야 하며 PC보다 훨씬 중요한 역할을 할 것"이라고 추켜세웠다.

애플 공동창업자이자 세그웨이 폴로 마니아인 스티브 워즈니악은 직접 세그웨이를 끌고 실리콘밸리 애플 스토어에 등장하기도 했다. 벤처 캐피털리스트 존 도어는 세그웨이가 역사상 어떤 회사보다 빠르게 매출 10억 달러에 도달할 것이며 영향력은 인터넷보다 클 수 있다고 예측했다. 자동차 운전과 주차 문제로 골머리를 앓던 사람들에게 환경오염을 유발하지 않는 친환경 제품인 세그웨이는 근거리 이동 수단으로 각광을 받았지만 찬사는 오래가지 못했다.

무엇보다 안전이 문제였다. 세그웨이는 2003년 9월 안전사고의 위험으로 6,000여 대가 리콜되었다. 세그웨이는 본체 안에 들어 있는 자이로스코프(Gyroscope: 바퀴의 축을 삼중의 고리에 연결해 어느 방향이든 회전할 수 있도록 만든 장치로 회전의라고도 함)가 자동으로 무게중심을 잡아주기 때문에 넘어질 염려가 없는 것으로 알려졌지만, 세그웨이에 내장된 배터리가 약해질 경우선 자세를 유지할 만한 충분한 동력이 모자라 세그웨이가 넘어지는 등 안전사고가 발생했기 때문이다. 특히 유명인의 사고는 세그웨이의 추락을 더욱 부추겼다. 2003년 조지 W. 부시 대통령이 휴가 중 세그웨이에서 떨어지는 모습이 널리 보도되었고, 2007년에는 영국 언론인 피어스 모건이 세그웨이에서 떨어져 갈비뼈 세 개가 부러지는 중상을 입었다. 2010년에는 세그웨이 회사의 소유주인 제임스 W. 헤셀든이 세그웨이를 통제하지 못해 절벽에서 떨어져 사망하는 사고까지 발생한다. 이 외에도 유튜브에는 사람들이 세그웨이를 제어하지 못하는 모습이 담긴 동영상이 계속 올라왔다. 그중 일부 이용자는 안면 외상, 뇌 손상, 심각한 골절과 같은 치명적인 부상을 입었다. 세그웨이 사용에 대한 강력한 안전 규정이 없어 사람들이 보호 장비와 헬멧을 거의 사용하지 않았기 때문이다.

비싼 가격도 걸림돌이었다. 초기에 새로운 세그웨이를 구입하는 데 드는 비용은 5,000달러로, 오토바이나 스쿠터를 쉽게 살 수 있는 금액이었다. 이 만한 비용을 들여 안전하지도 않고 디자인도 투박한 세그웨이를 구입하는 소비자는 많지 않았다. 값싼 복제품을 찍어내는 경쟁 업체의 등장도 세그웨이의 발목을 잡았다. 2012년에 설립한 중국 업체 나인봇(Ninebot)은 세그웨이를 모방한 제품을 반값도 안 되는 가격에 판매했다. 이후 세그웨이는 나인봇이 자사 특허를 침해했다고 고소했지만, 오히려 나인봇이 2015년 세그웨이를 인수한다. 나인봇은 세그웨이에서 아이디어를 얻어 여러 종류의 퍼스널 모빌리티 제품을 판매해왔지만, 전체 매출 중 세그웨이 매출 비중은 고작 1.5퍼센트에 불과했다. 결국 세그웨이는 2020년 7월 생산이 중단되면서 20년 만에 공식 퇴출되었다.

한때 20세기 최고의 혁신적 발명품으로 손꼽혔던 세그웨이는 개인 이동 수단으로서는 거의 완전한 실패작이었다. '원조', '최고', '최초'라는 수식어에 도취되어 소비자의 욕구나 시장 수요를 제대로 파악하지 못하면 성공할 수 없다는 사실을 보여준 사례였다.

참고 자료

「암호화폐, OLPC, 구글 글래스… 21세기 '최악의 기술'」(《한겨레》, 2019.03.14) / 세그웨이, 네이버 시사상식사전 / 「딘 카멘의 '세그웨이'는 살아있다」(《로봇신문》, 2020.07.21) / 세그웨이, 두산백과 / 스마트 모빌리티, 네이버캐스트(용어로 보는 IT)

최악의 패스트푸드 중 하나, 맥린 디럭스

    전 세계에서 연간 13억 개가 팔리는 햄버거가 있다. 맥도날드의 대표 메뉴인 빅맥(Big Mac)이다. 맥도날드가 1967년 출시해 맥도날드뿐 아니라 미국 대중문화의 상징이 된 '빅맥'은 지금까지도 햄버거의 대명사로 불리며 전 세계 대부분의 매장에서 판매되고 있다. 빅맥은 맥도날드 특유의 돔 형태의 빵 아래 쇠고기 패티 두 장과 치즈, 양상추, 양파, 피클 등을 넣은 햄버거다. 패티 사이에 '클럽(Club)'이라고 부르는 빵을 한 장 넣어 형태가 흐트러지는 것을 방지했다. 빅맥이 꾸준히 많은 사랑을 받는 이유 중 하나는 전 세계 어디에서나 동일한 맛과 품질로 제공되기 때문이다. 빅맥이 전 세계 맥도날드 매장에서 판매되는 점에 착안해 영국 경제 주간지《이코노미스트》는 1986년부터 매년 120개국의 빅맥지수를 분기별로 발표하고 있다. 빅맥지수는 전 세계 점포의 빅맥 가격을 비교해 각국 통화의 구매력과 환율 수준 등을 평가하기 위해 만든 지수로, 빅맥지수가 높으면 물가도 높고 화폐 가치도 높으며, 빅맥지수가 낮으면 물가도 낮고 화폐 가치가 낮다고 해석할 수 있다. 빅맥이 세계 각국의 통화가치와 물가 수준을 가늠하는 척도로 사용될 만큼 명성을 떨친 맥도날드지만 실패한 메뉴도 많다.

맥도날드는 밀크셰이크 기계 영업사원이었던 레이 크록(Ray Kroc, 1902~1984)이 1954년 딕 맥도날드와 마크 맥도날드 형제가 운영하는 레스토랑 프랜차이즈 체인 사업권을 사들여 설립한 미국 패스트푸드 체인이다. 레이 크록은 공격적인 마케팅과 저가 전략, 전 매장에서의 균일한 품질 관리를 통해 맥도날드를 빠르게 성장시켰다. 빅맥에 이어 에그 맥머핀, 치킨 맥너겟을 내놓아 고객의 입맛을 사로잡았고, 1979년에는 어린이들을 위해 햄버거 세트를 주문하면 장난감을 끼워주는 메뉴인 '해피밀'을 출시해 엄청난 인기를 누렸다.

승승장구하던 맥도날드도 위기를 맞았다. 1986년 맥도날드가 이탈리아 로마에 진출해 전통음식을 위협하자 슬로푸드(Slow Food) 캠페인이 광범위하게 펼쳐진 것이다. 슬로푸드 운동은 이탈리아의 음식 칼럼니스트 카를로 페트리니(Carlo Petrini)가 로마 한복판에 맥도날드가 들어서게 된 데 격분해 친구들과 함께 단체를 창설하면서 시작되었다. 이 단체는 미각의 즐거움과 전통음식 보존 등의 기치를 내걸고, 음식의 동질화와 음식 생산의 세계화에 대항하는 운동을 펼쳤다.

또한 영양학자들이 건강에 해로운 메뉴라며 맥도날드를 공격하고 패스트푸드는 건강에 좋지 않은 '정크푸드'라는 인식이 확산되어 갔다. 그래서 맥도날드는 건강에 관심 있는 사람들을 매장으로 끌어들이기 위해 1991년 저지방 햄버거 맥린 디럭스(McLean Deluxe)를 공개한다. 맥린 디럭스는 광고에서 지방을 91퍼센트나 낮추었다고 강조했다. 맥도날드는 햄버거를 저지방으로 만들기 위해서 지방 함유량을 물로 대체했다. 물과 쇠고기를 결합하는 데는 카라기난(Carrageenan)을 사용한다. 홍조류에서 추출해 정제한 탄수화물인 카라기난은 아이스크림이나 밀크셰이크 및 소스에서 점성도를 높이는 젤로 사용되며, 가공 육류에서 수분 유지와 부피를 늘리기 위한 대체지방으로 사용되기도 한다. 맥도날드는 천연 쇠고기 풍미 첨가제를 추가한 건강한 햄버거라는 점을 내세워 당대 최고의 농구 스타 마이클 조던을 모델로 기용한 광고에서 '조던이 2개

를 위한 햄버거'라는 콘셉트로 홍보했다. 당시 《뉴욕타임스》는 사설에서 "미국 대중을 위한 건전한 돌파구"라고 환호했고, 미국농구협회는 맥린 디럭스를 공식 샌드위치로 지정했다. 하지만 소비자들은 맥린 디럭스를 외면했고 출시 5년 만에 '맥실패작(McFlopper)'이라는 오명을 쓰고 시장에서 자취를 감추었다.

맥린 디럭스의 가장 큰 실패 원인은 무엇일까? '패스트푸드는 고칼로리 음식이다'라는 이유로 비판받던 맥도날드는 패스트푸드도 저지방 음식이 될 수 있다는 것을 보여주는 데 급급해 가장 중요한 맛을 놓쳤다. 맥린 디럭스를 한두 번 먹어본 소비자들은 포만감을 느끼지 못했고 뭔가 부족하다는 것을 깨달았다. 지방을 줄이느라 햄버거의 친숙한 맛을 살리지 못했기 때문이다. 또 맥도날드는 맥린 디럭스를 출시하기 위해서 운영 원칙 중 일부를 위반하기도 했다. 경영진은 평소처럼 몇 군데 시장에서 집중적으로 시험판매를 하는 대신 소비자 10명 중 9명이 저지방 소고기를 맛보고 싶어한다는 여론조사 결과를 맹신하고 매장에서 단 4개월간의 테스트를 마친 후 급히 제품을 출시했다. 이런 조사에 참여하는 소비자들이 니즈를 표현할 때 솔직하지 않은 경우가 많다는 점을 간과한 결과였다.

맥도날드가 실패한 메뉴는 맥린 디럭스뿐이 아니다. 전통적으로 가톨릭에서는 매주 금요일마다 고기를 먹지 않는 금육을 권하는 바람에 금요일마다 햄버거 매출이 떨어지자 맥도날드는 고기를 넣지 않은 홀라 버거를 개발했다. 패티 대신 구운 파인애플 위에 녹인 치즈를 얹어 끼워 넣은 햄버거는 가톨릭 신자들이 찾지 않아 단종되었다. 1990년대 초반에는 도미노와 피자헛에 대응해 저녁 메뉴로 맥피자를 선보였지만 패스트 서비스에 익숙한 맥도날드 고객들이 주문형 피자의 긴 대기 시간에 짜증을 내는 바람에 실패했다. 1996년에는 맥린 디럭스에서 경험한 실패를 반복하지 않기 위해 시장조사를 철저히 한 끝에 '어른들을 위한 햄버거' 아치 디럭스를 내놓았다. 베이비붐 세대 소비자들을 겨냥해 광고비로만 1억 5000만 달러(약 1600억 원)를 쏟아부으며 2년 가까이 거금을 투자해 야심 차게 내놓은 프리미엄 햄버거였지만, 맥도날드가 오랫동안 쌓아온 가족 친화적인 분위기에 부합하지 않아 소비자들에게 외면당했다.

설립 초기에 '값싼 가격'과 '스피드'를 내걸고 가족 친화적인 분위기를 강조했던 맥도날드는 이제 고객에게 '최적의 가격'으로 '뛰어난 품질'의 제품을 제공하는 것을 목표로 한다. 맥린 디럭스를 비롯한 맥도날드 실패작들은 대부분 맥도날드의 정체성에서 벗어난 제품들이었다.

참고 자료

맥도날드, 네이버 세계브랜드백과 / 빅맥지수, 한경 경제용어사전 /「매년 13억 개씩 팔리는 맥도날드 '빅맥'」,《뉴시스》, 2021.05.16) / 카라기난, 네이버 독성정보

저개발국 어린이에게
노트북을! 프로젝트의 실패

경제협력개발기구(OECD)가 발표한 자료에 따르면 2020년 기준, 유무선을 포함해 우리나라의 가구별 인터넷 접속률은 99.7퍼센트로 37개 회원국 중 가장 높았다. 집에서는 물론 카페, 공공도서관, 심지어 대중교통을 이용할 때도 스마트폰이나 태블릿, 노트북만 있으면 누구나 무료로 와이파이 핫스팟을 사용할 수 있기 때문이다. 반면 아프리카나 아시아, 라틴아메리카, 그 외 개발도상국에서는 공공장소에서 인터넷에 접속할 수 있는 인프라가 비교적 드물다. 국제전기통신연합이 발표한 2017년 인터넷 이용 세대 비율을 보면 선진국 84.4퍼센트에 비해 최빈국은 14.7퍼센트로 나타나 정보격차가 심각함을 알 수 있다. 게다가 인터넷 연결이 가능하다고 해도 개발도상국이나 빈곤 국가에 사는 많은 사람은 필요한 디바이스나 인터넷에 접속할 수 있는 계정을 구매할 능력이 되지 않는다. '디지털 전도사'로 유명한 IT학계의 미래학자 니컬러스 네그로폰테(Nicholas Negroponte)는 가난을 극복하는 가장 효과적인 방법은 교육이라는 신념으로 교육 불평등을 해소하고자 개발도상국 아이들에게 컴퓨터를 보급하는 프로젝트를 추진했지만 결과는 초라했다.

미국 MIT 미디어 테크놀로지 교수인 니컬러스 네그로폰테는 2005년 스위스 다보스포럼에서 "100달러 노트북을 만들어 저개발국가 아이들에게 보급하자"고 제안했다. 이를 계기로 2007년 '어린이 한 명당 노트북 한 대씩'이라는 뜻의 비영리단체 OLPC(One Laptop Per Child)가 설립되었다. OLPC는 '어린이 소유여야 한다, 어린이가 쓰기 쉬워야 한다, 충분히 보급되어야 한다, 서로 연결되어야 한다, 자유롭고 공개된 소스여야 한다'는 5개 핵심 원칙에 따라 꼭 필요한 기능만 넣어 100달러라는 아주 저렴한 가격의 노트북을 만들어 아이들 한 명당 한 대씩 제공하자는 거대한 프로젝트를 계획했다. 당시는 1,000달러 이하 노트북도 찾기 힘들던 시절이라 OLPC의 프로젝트

OLPC의 XO 노트북

에 의문을 제기하는 사람이 많았지만, 네그로폰테는 초저가 노트북 PC 개발을 발표한다. 'XO'라는 이름을 붙인 이 노트북은 개발도상국 환경에 맞게 전기가 들어오지 않아도 수동발전기를 통해 전력 공급이 가능하게 했고, 듀얼모드 디스플레이로 낮에는 태양광을 반사시켜 읽을 수 있도록 했으며, 매시 네트워크를 통해 배터리가 15퍼센트밖에 없어도 네트워크 접속 상태를 유지하도록 했다.

본격적으로 XO 노트북이 공급된 것은 2007년부터다. 우루과이, 미국 버밍햄, 멕시코, 페루 등에 약 60만 대를 공급하는 방안이 확정되었고, 유엔개발계획(UNDP)도 지원에 뛰어들었다. 비영리단체와 민간기업, 공공부문까지 협력해 교육 불평등을 해소할 수 있는 적절한 대안이라는 평가를 받았다. OLPC는 기세를 몰아 2008년까지 1억 5000만 대를 보급하겠다는 목표를 세웠지만, 현실은 녹록지 않았다. 우선 공급량부터 목표치에 도달하지 못했다. 2012년까지 200만 대 이상 공급했지만 목표 분량에는 크게 못 미쳤다. 무엇보다 처음 목표로 했던 '교육적 효과'를 거의 거두지 못했다. 미국의 IT 전문 매체 《더 버지》에 따르면 XO 노트북을 받은 학생들이 독서나 숙제를 할 때 이를 적극적으로 활용하지 않는 것으로 조사되었으며, 학생들의 언어 및 수학 테스트 점수에도 뚜렷한 변화가 없는 것으로 나타났다. 인터넷 접근성을 높여 교육 불평등을 해소하려 했던 네그로폰테의 계획은 지나치게 낙관적이었다는 평가를 받았다.

OLPC 프로젝트가 실패한 이유는 크게 두 가지다. 첫째, 노트북의 비싼 가격이 문제였다. 처음에는 100달러를 목표로 했지만, 개발 과정에서 190달러로 낮추기조차 힘들었다. 생각보다 비싼 가격 때문에 저개발 국가들은 OLPC 프로젝트 동참을 망설였다. 게다가 XO 노트북을 제작하는 동안 인텔과 대만의 아수스(AsusTek)에서 200~400달러 내외의 가격으로 노트북을 생산했다. 더 편리한 상용 태블릿PC와 스마트폰도 출시되면서 XO 노트북은 경쟁력을 점점 잃어갔다. 둘째, 교육 시스템을 너무 쉽게 생각한 것도 OLPC 프로젝트 확산의 발목을 잡았다. 교육 시스템은 사회, 문화, 정치, 경제와 맞물려 돌아가는 거대한 톱니바퀴와 같아 현지 상황을 다방면으로 고려해야 하는데 놓친 것이 많았다. 우선 XO 노트북 활용을 교육하거나 기술을 지원할 인력이 부족했고 불안한 정치 상황 때문에 교육을 받을 수 있는 환경조차 조성되지 못했다. 빈곤 지역 아동 교육의 관건은 미디어 장비 부족이 아니라 정치사회적 문제인 경우가 많았던 것이다. 당장 기아와 질병에 시달리지 않고, 생산 현장이나 분쟁 지역에 끌려나갈 가능성이 낮은 환경이 되어야만 정보에 기반한 더 나은 교육을 받고 자기계발을 꿈꿀 수 있는데 OLPC는 이를 간과했다. 정보기기를 손에 쥐여주면 아이들이 무언가를 해내고야 말 것이라는 네그로폰테의 발상은 그야말로 순진한 꿈에 불과했던 것이다.

참고 자료

『디제라티』(이재현 지음, 커뮤니케이션북스) / 「'어린이 한 명당 노트북 한 대' 운동, 성과는?」(《아이뉴스24》, 2012.04.09) / 「한 아이에게 한 대의 노트북, 그리고 시선의 방향」(테크플러스 블로그, 2020.04.14) / 「디지털 보급하면 사회가 발전?… OLPC의 순진한 꿈이었다」(《한국일보》, 2015.04.12)

딸의 불만에서 시작된 즉석카메라 폴라로이드의 몰락

"사진의 가장 좋은 점은 절대 변하지 않는다는 것이다. 사진 속에 있는 사람들은 변할지라도" 1970년대 팝아트의 선두주자 앤디 워홀의 말이다. 폴라로이드카메라를 사랑한 예술가로도 유명한 앤디 워홀은 뉴욕 거리를 누비며 만나는 사람마다 폴라로이드카메라로 촬영했고, 각종 파티나 행사에 참가할 때도 늘 폴라로이드를 지니고 다니며 돌리 파튼, 존 레넌 등 수천 명의 유명 인사들과 자기 자신을 촬영했다.

미국의 과학자이자 발명가인 에드윈 랜드(Edwin H. Land, 1909~1991)는 셔터를 누른 후 60초, 약 1분이면 촬영 현장에서 찍은 사진을 보여주는 폴라로이드카메라를 발명해 사진 역사에 혁명을 일으켰다. 1947년에 등장해 디지털카메라에 밀려 2008년 사라질 때까지 즉석카메라의 대명사로 군림해온 폴라로이드카메라는 놀랍게도 랜드의 세 살배기 딸의 호기심에서 시작되었다.

폴라로이드(Polaroid)는 발명가이자 물리학자였던 에드윈 랜드가 만든 즉석카메라 이름이자 회사명 이름이다. 랜드는 어려서부터 만화경과 입체 환등기에 매료되었고 물리광학과 편광에 관심이 많았다. 1926년 하버드대 물리학과에 입학했지만 자신의 연구에 몰두하기 위해 두 번이나 학업을 중단하고, 1932년 물리학자 조지 휠라이트(George Wheelwright)와 함께 랜드-휠라이트연구소(Land-Wheelwright Laboratories)를 설립했다. 랜드는 얇고 가벼운 플라스틱 편광자(빛의 산란을 줄여주는 입자)를 발명했고, 연구소에서는 이를 저렴한 가격으로 생산해 1936년 선글라스와 기타 광학기기 제작에 쓰기 시작했다. 1937년에는 회사 이름을 폴라로이드로 바꾸었으며, 제2차 세계대전 중에는 미군에서 사용할 수 있는 편광 필터를 제조해 납품했다.

선글라스와 기타 광학기기를 생산하던 폴라로이드가 즉석카메라를 개발하게 된 계기는 랜드의 딸이 던진 질문이었다.

1943년 랜드는 딸과 휴가를 보내며 사진을 찍어주다가 "사진을 보려면 왜 이렇게 오랫동안 기다려야 해?"라는 질문을 받았다. 그 순간 랜드는 단 한 번에 현상되는 사진 시스템이 떠올랐다. 그래서 제2차 세계대전이 끝난 다음 해에 편광 필터 수요가 줄어들자 랜드는 즉석카메라에 대한 자신의 아이디어를 실행에 옮긴다. 몇 년간 연구한 끝에 랜드는 1947년 2월 세계 최초의 즉석카메라 '폴라로이드 랜드 카메라 모델 95(Polaroid Land camera Model 95A)'를 사람들에게 선보였다. 그는 공개 시연회에서 자신의 사진을 찍고, 몇 분 후 청중에게 찍은 사진을 보여줌으로써 미국광학협회(OSA, Optical Society of America)에 자신의 완성된 발명품을 공개한다. 바로 눈앞에서

폴라로이드 랜드 카메라 모델 95(좌)와 폴라로이드 SX-70(우)

찍은 이미지가 서서히 나타나는 이 신기한 카메라의 핵심은 촬영 직후 롤러를 통해 내부에서 정리된 포지티브필름을 피사체 쪽으로 밀어내는 원리다. 쉽게 말해서, 스스로 필름 인화지를 빛에 노출하고 현상해 즉석에서 보여주는 것이다.

1954년에 탄생한 폴라로이드 랜드는 당시 혁명적인 발명품이었다. 복잡한 암실 작업 없이 그 자리에서 인화되는 카메라와 전용필름의 출현은 마술과도 같았다. 1972년에는 일반인들이 더욱 편리하고 손쉽게 사진을 찍을 수 있도록 조작이 간단한 폴라로이드 SX-70이 개발되었다. 이 제품은 기존 즉석카메라의 단점을 개선한 혁신적인 카메라로, 접이식 형태라 휴대가 편리하고 신속하게 현상되며 디자인도 세련되었다. 고급스럽고 빈티지한 외관으로 많은 영화에 소품으로 쓰이기도 했다. 폴라로이드 애호가 앤디 워홀이 왕성하게 활동했던 1970년대에 주로 사용한 카메라이기도 하다. 앤디 워홀은 펜 대신 폴라로이드카메라를 가지고 다니며 자신이 만나는 폭넓은 계층의 인물들을 한순간에 담아냈다. 폴라로이드는 그 당시 '즉석', '순간의 기록'의 가장 대표적 수단이었고 그가 폴라로이드로 기록한 인물들은 하나의 이미지가 되어 그의 곁에 남았다.

폴라로이드는 1948년부터 1978년까지 30년간 연 매출 성장률 23퍼센트, 연 순이익 성장률 17퍼센트라는 경이로운 실적을 기록한다. 1970년대에는 직원이 2만 명이 넘었고, 1994년에는 매출 23억 달러에 이르는 전성기를 누렸다. 미국 베이비붐 세대를 중심으로 엄청난 인기를 끈 폴라로이드 즉석카메라는 200여 가지 모델이 출시되며 전 세계에서 수천만 대가 팔려나갔다. 이렇게 잘나가던 기업이 2001년에 파산한다. 1997년까지 60달러에 달하던 주가는 2001년 28센트로 폭락해 기업가치의 99.5퍼센트가 날아갔다. 이 회사의 주주는 재산을 다 날렸고 종업원은 모두 일자리를 잃었다. 폴라로이드는 왜 이렇게 몰락했을까?

가장 큰 원인은 1980년대 중반에 등장한 디지털카메라 때문이다. 필름 없이 사진을 찍고 컴퓨터 파일 형식으로 저장할 수 있는 디지털카메라는 '즉석 확인, 실시간성'이라는 폴라로이드의 매력 포인트를 무력화시켰다. 이후 폴라로이드도 디지털 이미징 연구에 투자하며 변화를 모색했지만, 사진기는 싸게 팔고 대신 필름을 비싸게 파는 비즈니스 모델이 가져다주는 높은 수익성은 도저히 버릴 수 없었다. 마지막까지 아날로그 형태의 즉석카메라를 고수하던 폴라로이드는 결국 2008년 모든 즉석 필름의 생산을 중단했다. 소비자를 폴라로이드로 이끈 것은 사진의 실시간성이었으므로 폴라로이드는 누구보다 먼저 디지털카메라의 파괴력을 감지해야 했다. 그러나 폴라로이드는 실시간성이 아닌 필름에 집착하여 결국 차세대로 뛰어넘지 못했다. 비록 실패한 경영자로 이름을 남겼지만 랜드는 혁신의 아이콘 스티브 잡스를 사로잡은 인물이기도 하다. 잡스가 1999년《타임》인터뷰에서 "나는 폴라로이드가 예술과 과학의 교차점에 서길 바란다'는 랜드 박사의 말을 단 한 번도 잊은 적이 없다"고 말했을 만큼 랜드의 영향이 컸음을 알 수 있다. 랜드는 1991년 사망할 때까지 특허 533개를 보유하고 1967년 국가 과학 훈장과 1988년 국가 기술 훈장을 받았다. 그가 즉석카메라 시장을 석권했다는 현실에 안주하지 않고 디지털시대로 전환하는 사회 흐름을 받아들여 융통성 있는 선택을 했더라면 어땠을까 하는 아쉬움이 남는다.

참고 자료

폴라로이드, 두산백과 / 「폴라로이드 시대의 종언」(《ZDNet Korea》, 2009.10.08) / 폴라로이드 SX-70(Polaroid SX-70), 국립중앙과학관(카메라) / 「폴라로이드」(《문화일보》, 2010.03.30)

EBS 알똑비 시리즈 03

**알면 똑똑해지는
경제 속 비하인드 스토리**

1판 1쇄 발행 2021년 11월 30일

지은이 EBS 오디오 콘텐츠팀

펴낸이 김명중 | **콘텐츠기획센터장** 류재호 | **북&렉처프로젝트팀장** 유규오
책임매니저 전상희 | **북팀** 박혜숙, 여운성, 장효순, 최재진 | **마케팅** 김효정, 최은영

책임편집 노느매기 | **디자인** 서채홍 | **인쇄** 재능인쇄

펴낸곳 한국교육방송공사(EBS)
출판신고 2001년 1월 8일 제2017-000193호
주소 경기도 고양시 일산동구 한류월드로 281
대표전화 1588-1580 **홈페이지** www.ebs.co.kr
이메일 ebsbooks@ebs.co.kr

ISBN 978-89-547-5999-1 04300
      978-89-547-5930-4 (세트)